W0056949

Hildegard Möller

Solo für
KREATIV KOCHEN FÜR EINEN TELLER
Genießer

KOSMOS

Vorwort   6

Know-how für Solo-Köchinnen und -Köche   8

Schnelle After-Work-Küche
Turbo-Rezepte für den Feierabend   14

Pasta
Superstar in der Solo-Küche   32

Survival-Food
Wenn nichts mehr geht …   46

Grünzeug mit Genuss
Frisches mit viel Fantasie   58

Snacks
Für den @- und TV-Abend   66

Fernwehküche für Solo-Esser
Der Urlaub war so schön …   80

Gourmetküche für eine Person
Heute lass ich es mir richtig gut gehen …   94

Lunch-Ideen fürs Büro
Taschenmahlzeit für Kopfarbeiter   110

Kochen für 4+
Weniger Stress – mehr Zeit zum Genießen   120

Register   138

Impressum   140

Das Angebot an Convenience-Produkten in unseren Supermärkten wächst ständig. Kein Wunder, denn asiatische Tütengerichte oder Gyros-Reismischungen aus der Tiefkühltruhe sind tatsächlich äußerst praktisch. Vor allem in vielen Ein-Personen-Haushalten bestimmen Fertiggerichte, Konserven und Komplettgerichte für die Mikrowelle den Einkaufs- und Speisezettel. Hinzu kommt noch, dass die meisten Verpackungsgrößen für frische Lebensmittel eher auf mehrköpfige Familien abgestimmt sind. Das stellt „Kleinverbraucher" vor ein Überflussproblem.

Dass trotz der weit verbreiteten Meinung „Für mich alleine kochen lohnt sich nicht" das Zubereiten von einer Portion richtig gutem Essen problemlos machbar ist, möchte ich Ihnen mit „Solo für Genießer" zeigen. Ob Ingwer-Huhn mit Limette und Honig als stressfreies Feierabendgericht oder Seeteufel-Involtini mit Datteln und Bacon zum Verwöhnen – selbst die weniger geübten Köchinnen und Köche unter Ihnen können in kurzer Zeit mit ein paar Handgriffen ein köstliches Essen auf den Tisch zaubern. Dabei sind die schnellen und unkomplizierten Rezepte auf die verschiedenen Alltagssituationen zugeschnitten: Leckere Steinpilz-Pasta mit Zutaten aus dem Vorrat, wenn im Kühlschrank gähnende Leere herrscht, oder exotisches Tandoori-Lamm mit Joghurt und Minze, wenn Sie das Fernweh plagt. Probieren Sie es aus – Sie werden feststellen, dass das Aufbacken einer Tiefkühlpizza fast genauso lange dauert wie die Zubereitung eines kreativen Solo-Gerichtes, das immer besser schmeckt und häufig sogar preisgünstiger ist. Und keine Angst vor Großgebinden aus dem Supermarkt: Bei den meisten Rezepten finden Sie praktische Tipps, wie Sie die Lebensmittel weiterverarbeiten können. Angebrochene Packungen oder Gemüsereste bleiben hier nicht ihrem Schicksal überlassen und werden schnell verbraucht.

Vorwort

Genuss
fängt beim Einkauf an

Gut kochen für eine Person muss nicht aufwendig sein. Mit einer pfiffigen Vorratsplanung werden Sie die kreative Solo-Küche souverän meistern – ohne lästige Wochenpläne und lange Einkaufslisten. Oder wissen Sie schon am Montag, worauf Sie am Freitag Appetit haben? Frische Ware wie Salat, Gemüse, Brot, Fleisch und Fisch sollten Sie ohnehin relativ kurzfristig besorgen. Es lohnt sich, beim Einkauf auf die Qualität der Produkte zu achten: Gemüse aus ökologischer Herkunft, Fleisch aus artgerechter Tierhaltung und hochwertige Öle garantieren mehr Geschmack als gesichtslose Einheitsprodukte aus agroindustrieller Massenproduktion.

Wichtig ist darüber hinaus, dass Sie sich eine Grundausstattung mit lagerfähigen Lebensmitteln zulegen, auf die Sie jederzeit zurückgreifen können. Gönnen Sie sich einige Extras: Kokosmilch und Currypasten für asiatisches Essen oder getrocknete Steinpilze für Verwöhngerichte. Wenn Sie ein Gefrierfach besitzen, dann legen Sie sich außerdem einen TK-Vorrat zu.

SURVIVAL-AUSSTATTUNG – WAS UNBEDINGT VORHANDEN SEIN SOLLTE

Nudeln
Reis und Risotto-Reis
Olivenöl
neutrales Pflanzenöl
weißer Balsamico-Essig
Zitronensaft (Fläschchen)
Sojasauce
Zwiebeln
Knoblauch
Parmesan (am Stück)
Pinienkerne

Konserven/Gläser/Tetrapack:
H-Sahne
Honig
geschälte Tomaten
passierte Tomaten
getrocknete Tomaten (in Öl)
gegrillte Paprika (aus dem Glas)
Kichererbsen
Kidneybohnen
Thunfisch
Sardellen
Kapern
Oliven
Peperoni
Gemüse-, Hühner- und Rind-fleischbrühe (Instant)
Gewürze und getrocknete Kräuter

Extras – nicht überlebensnotwendig, aber sehr empfehlenswert

rote Linsen
Polenta (Maisgrieß)
Couscous (Instant)
getrocknete Steinpilze
Walnusskerne
Mandeln
Cashewnüsse
Trockenfrüchte (Datteln, Rosinen)
Curry- und Tandoori-Pasten
Kokosmilch
Sesamöl
grobes Meersalz oder Fleur de Sel
Limettensaft (Fläschchen)
vakuumverpackte Focaccia, Ciabatta,
Toasties und Naan

Kräuter und Gewürze

Legen Sie sich ein Sortiment an getrockneten Kräutern und Gewürzen zu. Und falls Sie Terrasse, Balkon oder Garten haben, dann ziehen Sie robuste Kräuter im Topf – Thymian, Rosmarin, Salbei, Oregano und Majoran duften schön, sehen dekorativ aus und würzen wunderbar. Sie können übrigens bis zu minus 5 Grad draußen überwintern.

Gefrierfach

Nutzen Sie das Gefrierfach für Ihre Vorräte. Blatt-spinat und Erbsen beispielsweise gibt es in sehr guter Qualität, genauso wie Riesengarnelen, verschiedene Kräuter, Kräutermischungen und Blätterteig. Auch Reste und vorbereitete Speisen halten sich im Gefrierfach einige Wochen bzw. Monate.

Zubereiten ohne Stress

Verwenden Sie Lebensmittel mit kurzen Vorbereitungs- und Garzeiten: Gemüse, das sich leicht putzen lässt, und Fleisch, das sich zum Kurzbraten eignet. Veredelt mit feinen Zutaten, frischen Kräutern und gutem Öl lassen sich so innerhalb von kürzester Zeit köstliche Gerichte zaubern.

Kurze Vorbereitungszeiten

Für die schnelle Küche wählen Sie am besten Gemüse, das sich entweder leicht schälen lässt oder ungeschält zubereitet werden kann. Pilze, Zucchini, Paprikaschoten und grüner Spargel zum Beispiel können ungeschält verarbeitet werden. Auch die Verwendung tiefgekühlter Ware wie Erbsen oder Blattspinat ist sinnvoll.

Kurze Garzeiten

Kleine Kartoffelsorten (zum Beispiel Drillinge oder La Ratte) haben kurze Garzeiten und können mit Schale gegart werden. Hülsenfrüchte wie getrocknete Tellerlinsen und Erbsen haben lange Einweich- und Kochzeiten. Nehmen Sie stattdessen rote Linsen, denn diese sind schon nach 10 Minuten gar. Praktisch sind auch Hülsenfrüchte aus der Dose wie zum Beispiel Kichererbsen. Grüner Spargel ist schneller gar als weißer Spargel. Schneiden Sie hartes Gemüse wie Möhren in dünne Scheiben oder kleine Würfel. Für die schnelle Zubereitung von Fleischgerichten eignet sich das Filet von Huhn, Schwein und Rind, für die Zubereitung von Fischgerichten das Filet verschiedener Fischsorten.

Kochen für den Vorrat

Kochen Sie in ruhigen Zeiten Saucen und Pestos auf Vorrat. Tomatensugo beispielsweise, frisch gekocht und abgefüllt in Schraubgläser, hält sich einige Wochen und kann später in mehreren Varianten genossen werden. Pestos und Chutneys können Sie ebenfalls für den Vorrat herstellen und bei Bedarf als Pastabegleiter oder Brotaufstrich genießen. Für die Herstellung von Pestos und Pürees ist die Anschaffung eines Pürierstabes sehr empfehlenswert.

RESTEVERWERTUNG

Welcher Solo-Koch kennt das Problem nicht? Für die Zubereitung von 1-Teller-Gerichten sind die meisten Supermarktgebinde zu groß. Und ständig ärgern Sie sich über angebrochene Packungen und verwahrloste Gemüsereste im Kühlschrank. Damit soll jetzt endgültig Schluss sein. Bei vielen Rezepten in diesem Buch finden Sie Tipps, wie man aus übrig gebliebenen Zutaten am nächsten Tag ein anderes Gericht zaubern oder wie man die Zutaten später weiterverarbeiten kann.

Für eine zeitsparende Zubereitung ist es außerdem sinnvoll, manche Zutaten gleich in größerer Menge vorzubreiten. Kochen Sie einfach die doppelte Menge Kartoffeln, Reis, Nudeln, Polenta oder Couscous und bereiten Sie daraus am nächsten Tag ein superschnelles Gericht zu:

~ *aus gekochten Kartoffeln: Tortilla, Ofenkartoffeln oder Röstkartoffeln*
~ *aus gekochtem Reis: zusammen mit pfannengerührtem Gemüse und Huhn: asiatische Gerichte*
~ *aus Nudeln, Gemüse und Käse: Aufläufe*
~ *aus Polenta: gebratene Polenta-Schnitten*
~ *aus Couscous mit frischen Zutaten, Pinienkernen und Trockenobst: Salat*

Verwertung von restlichen Kräutern

Frische Kräuter werden in der Regel bundweise angeboten. Da Sie aber häufig nur einige Zweige benötigen, können Sie die Reste wie folgt konservieren:

Petersilie, Dill und Schnittlauch:
hacken bzw. in Röllchen schneiden und einfrieren.

Koriander und Estragon:
ganze Zweige einfrieren; gehackt verlieren sie ihr Aroma.

Thymian, Rosmarin, Oregano, Majoran, Minze und Salbei:
Blätter trocknen und in Gläsern mit Schraubverschluss aufbewahren, damit das Aroma nicht verloren geht.

Basilikum:
Blätter in ein Glas mit Schraubverschluss geben und mit Olivenöl auffüllen. Die Blätter müssen immer mit Öl bedeckt sein, sonst schimmeln sie.

Sie kommen nach Hause, sind hungrig und haben keine Lust auf Tiefkühlpizza, Fast Food oder Tütensuppe. Sie sind gestresst von der Arbeit und wollen eigentlich nicht richtig kochen. Die Turbo-Rezepte aus der schnellen After-Work-Küche sind jetzt genau das Richtige. Mit ein paar Handgriffen können selbst die weniger begabten Köchinnen und Köche unter Ihnen in Rekordzeit ein köstliches Essen zubereiten. Bringen Sie Abwechslung auf den Tisch und bereiten Sie blitzschnell Hühnchen mit Chorizo und getrockneten Tomaten oder ein chinesisches Schaumomelett zu. Sie werden staunen, was sich mit wenig Aufwand kreieren lässt – denn auch wer wenig Zeit hat, muss noch lange nicht auf Genuss verzichten.

Schnelle After-Work-

TURBO-REZEPTE FÜR DEN FEIERABEND

Küche

SIMPLY THE BEST

Gebackene Frühlingszwiebeln

Zubereitungszeit: 15 Minuten ~ Nährwerte: 583 kcal (2437 kJ) ~ Fett 39 g

Gemüse muss nicht immer Nebendarsteller sein. Gratiniert mit Bacon, Parmesan und gerösteten Croûtons kommen die Frühlingszwiebeln hier in der Hauptrolle ganz groß raus.

4–7 Frühlingszwiebeln
Salz
Pfeffer aus der Mühle
30 g Parmesan (am Stück)
1 Knoblauchzehe
2 Scheiben Bacon (Frühstücksspeck)
1 Thymianzweig
1 EL Olivenöl
2 EL Sahne
1 EL Weißwein
1 Scheibe Weißbrot
1 EL Butter

Den Backofen auf 180 °C vorheizen.

Die Frühlingszwiebeln waschen, putzen und in eine ofenfeste Form legen. Mit Salz und Pfeffer würzen. Den Parmesan reiben, den Knoblauch schälen. Den Bacon in kleine Würfel schneiden. Thymian waschen, trocken schütteln, die Blättchen abzupfen. Die Frühlingszwiebeln mit Knoblauch, Bacon, Parmesan und Thymian bestreuen. Mit Olivenöl beträufeln.

Sahne und Weißwein zu den Frühlingszwiebeln geben. Die Brotscheibe würfeln und über die Frühlingszwiebeln streuen. Die Butter in Flöckchen darauf verteilen. Alles im Backofen 15 Minuten backen, bis die Frühlingszwiebeln weich sind und das Brot knusprig ist.

Tipp
Für eine vegetarische Variante den Bacon einfach weglassen und eventuell durch gebratene Pilze ersetzen.

SWEET AND SPICY

Ingwer-Hühnchen mit Limette und Honig

Zubereitungszeit: 20 Minuten ~ Nährwerte: 287 kcal (1202 kJ) ~ Fett 14 g

Verpassen Sie dem Huhn einen Hauch Exotik: Chili sorgt für Schärfe, Limette für dezente Säure und Honig für angenehme Süße. Schnell zubereitet ist das Hühnchen ein optimales After-Work-Essen.

1 Hähnchenbrustfilet
1 Stück Ingwer (2 cm)
1 kleine rote Chilischote
1 Knoblauchzehe
2 TL Sesam- oder anderes Öl
50 ml Hühnerbrühe
Saft von 1 Limette
1 TL Sojasauce
1 EL Honig
3–4 Frühlingszwiebeln
Salz
Pfeffer aus der Mühle

Das Hähnchenbrustfilet waschen und trocken tupfen. Den Ingwer schälen und reiben. Die Chilischote waschen, putzen und hacken. Den Knoblauch schälen und in feine Scheiben schneiden.

1 TL Öl in einer Pfanne erhitzen. Ingwer, Chili und Knoblauch kurz darin anbraten. Mit Hühnerbrühe ablöschen und mit Limettensaft, Sojasauce und Honig verrühren. Den Sud in eine kleine Schüssel füllen.

Die Frühlingszwiebeln waschen, putzen und schräg in fingerlange Stücke schneiden. Restliches Öl in der Pfanne erhitzen, das Fleisch mit Salz und Pfeffer würzen und auf beiden Seiten scharf anbraten. Die Frühlingszwiebeln hinzufügen, mit Honig-Limetten-Sud ablöschen und alles bei schwacher Hitze etwa 6 Minuten garen.

Dazu passt asiatischer Duftreis.

Tipp
Lassen Sie den Honig-Limetten-Sud abkühlen und marinieren Sie das Fleisch mindestens 1 Stunde in dem Sud. So schmeckt es noch aromatischer.

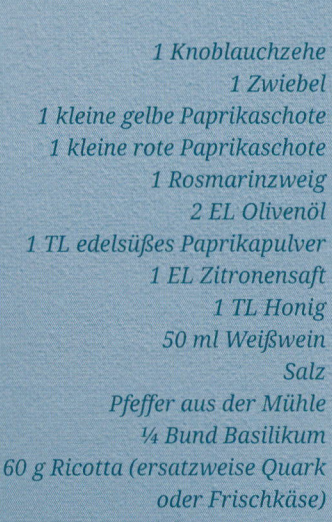

DER DUFT DES SÜDENS IN DER FEIERABENDKÜCHE

Geschmortes Sommergemüse mit Ricotta-Basilikum-Crostini

Zubereitungszeit: 25 Minuten ~ Nährwerte: 534 kcal (2231 kJ) ~ Fett 30 g

Sonnengereiftes, aromatisches Gemüse, sanft geschmort mit Kräutern und Gewürzen – das schmeckt nach Sommer und guter Laune. Begleitet von geröstetem Brot mit erfrischendem Ricotta-Basilikum-Aufstrich ein leichtes After-Work-Essen.

1 Knoblauchzehe
1 Zwiebel
1 kleine gelbe Paprikaschote
1 kleine rote Paprikaschote
1 Rosmarinzweig
2 EL Olivenöl
1 TL edelsüßes Paprikapulver
1 EL Zitronensaft
1 TL Honig
50 ml Weißwein
Salz
Pfeffer aus der Mühle
¼ Bund Basilikum
60 g Ricotta (ersatzweise Quark oder Frischkäse)
1 Ciabatta-Brötchen

Knoblauch und Zwiebel schälen. Den Knoblauch in feine Scheiben, die Zwiebel in feine Ringe schneiden. Die Paprikaschoten waschen, vierteln, putzen und in 2 cm große Stücke schneiden. Rosmarin waschen, trocken schütteln, die Nadeln abstreifen.

1 EL Olivenöl erhitzen, Paprikaschoten, Zwiebeln und Knoblauch 3 Minuten unter Rühren andünsten. Paprikapulver, Zitronensaft, Honig, Weißwein und Rosmarin dazugeben. Zugedeckt 15 Minuten bei mittlerer Hitze schmoren. Mit Salz und Pfeffer würzen.

In der Zwischenzeit für die Crostini das Basilikum waschen, trocken schütteln und hacken. Den Ricotta mit der Gabel zerdrücken und mit Basilikum verrühren. Mit Salz und Pfeffer würzen.

Das Ciabatta-Brötchen schräg in Scheiben schneiden, im Toaster kurz toasten und mit Olivenöl einpinseln. Anschließend mit dem Ricotta-Basilikum-Dip bestreichen und zum Gemüse essen.

Und morgen?
Ricotta wird häufig in einer 250-g-Packung angeboten. Verwenden Sie den Rest für Pappardelle mit Pfifferlingen und Bacon-Chips (Rezept S. 34) oder als Füllung für Feigen mit Parmaschinken (Rezept S. 99).

VARIANTEN – MIT ANDEREM GEMÜSE

Auberginen und/oder Zucchini und Tomaten

1 gehackte Zwiebel und 1 Knoblauchzehe in Oliven-
öl anschwitzen und mit einem Schuss Wein ablö-
schen. 3 gewürfelte Tomaten und 1 Bund gehacktes
Basilikum hinzufügen und schmoren. Mit Salz,
Pfeffer aus der Mühle und Honig abschmecken.
Auberginen- und/oder Zucchinischeiben separat in
Olivenöl anbraten, salzen, pfeffern und anschlie-
ßend mit dem Tomatengemüse mischen

Nährwerte (inkl. Ricotta-Basilikum-Crostini): 489 kcal
(2044 kJ) ~ Fett 18 g

Möhren, Fenchel und Zwiebeln

1 geviertelte Fenchelknolle, 1 in Scheiben geschnittene Möhre und 1 in Ringe geschnittene Zwiebel mit
20 g Rosinen in 1 EL Olivenöl, 50 ml Gemüsebrühe
und etwas Weißwein schmoren. Mit Honig, Salz,
Pfeffer aus der Mühle, Zitronensaft, Kreuzkümmel
und Currypulver abschmecken. Mit gerösteten Pinienkernen bestreuen.

Nährwerte (inkl. Ricotta-Basilikum-Crostini): 640 kcal
(2675 kJ) ~ Fett 22 g

Dicke Bohnen, Serrano-Schinken und Majoran

200 g ausgelöste Bohnen ca. 20 Minuten in Salzwasser blanchieren und abgießen. 1 gehackte Zwiebel
in Olivenöl anschwitzen, 40 g in Streifen geschnit-
tenen Schinken und die warmen Bohnen zugeben.
Mit Majoran, Salz und Pfeffer aus der Mühle würzen.

Nährwerte (inkl. Ricotta-Basilikum-Crostini): 644 kcal
(2691 kJ) ~ Fett 24 g

SPANISCH DIE WURST, ITALIENISCH DAS PESTO

Huhn mit Chorizo und getrockneten Tomaten

Zubereitungszeit: 15 Minuten ~ Nährwerte: 448 kcal (1872 kJ) ~ Fett 32 g

Das zarte Filet vom Geflügel in scharfer Begleitung von Chorizo und würzigen getrockneten Tomaten: ein ungewöhnliches Trio, das mediterran anmutet und sich auch beim mitteleuropäischen Solo-Esser zu Hause fühlt.

1 Hähnchenbrustfilet *Salz* *Pfeffer aus der Mühle* *1 TL rosenscharfer Paprika* *40 g getrocknete Tomaten (in Öl)* *1 Knoblauchzehe* *40 g Chorizo* *5 schwarze entsteinte Oliven* *1 EL Olivenöl*	Hähnchenbrustfilet waschen, trocken tupfen und mit Salz, Pfeffer und Paprikapulver einreiben. Die Tomaten abtropfen lassen. Den Knoblauch schälen. Tomaten, Knoblauch, Chorizo und Oliven sehr fein hacken oder im Mixer zerkleinern. Olivenöl in einer Pfanne erhitzen und die Zutaten kurz darin andünsten. Hähnchenbrustfilet auf beiden Seiten je ca. 5 Minuten bei mittlerer Hitze in etwas Olivenöl anbraten. Tomaten-Chorizo-Mischung auf das Filet geben. Dazu passen grüner Salat und Baguette.

Und morgen?
Getrocknete Tomaten werden häufig in 200-g-Gläsern angeboten. Aus den Tomaten, eventuell übrig gebliebenen Oliven und Chorizo gleich heute die doppelte Menge Tomaten-Chorizo-Pesto herstellen. Mit geriebenem Parmesan und gerösteten Pinienkernen passt es gut zu Nudeln.

DIE MISCHUNG MACHT´S

Fischfilet mit gebratenen Kapern, Limette und Krabben

Zubereitungszeit: 15 Minuten ~ Nährwerte: 248 kcal (1037 kJ) ~ Fett 10 g

Feines Fischfilet in guter Gesellschaft: Das Trio aus Kapern, Limette und Krabben gibt dem Fischfilet den letzten Schliff und sorgt für ein vielfältiges Aroma. Besonders geeignet für dieses Gericht ist das feste Filet von Pangasius, Steinbeißer oder Tilapia.

150 g weißes Fischfilet
1 TL Zitronensaft
Salz
Pfeffer aus der Mühle
2 EL Mehl
2 EL Butter
1 unbehandelte Limette
1 EL Kapern
25 g Nordseekrabbenfleisch
(ersatzweise Shrimps)

Das Fischfilet mit Zitronensaft beträufeln, mit Salz und Pfeffer würzen und im Mehl wenden. Die Butter erhitzen und das Filet auf jeder Seite ca. 2 Minuten goldbraun braten.

Die Limette schälen und in dünne Scheiben schneiden. Das fertig gebratene Fischfilet aus der Pfanne nehmen und warm halten. Die Kapern im restlichen Mehl wenden und in der Pfanne goldbraun braten. Die Limettenscheiben und das Krabbenfleisch zugeben. Die Mischung auf dem Fischfilet verteilen.

Dazu passt grüner Salat.

Und morgen?
Nordseekrabbenfleisch wird häufig in 125-g-Schalen angeboten.
Sie können den Rest für Krabbenrührei oder für Penne mit grünem
Spargel und Ziegenfrischkäse (Rezept S. 39) verwenden.

FISCH IN SAHNIG-PIKANTER BEGLEITUNG

Pangasius-Filet auf roten Sahne-Linsen

Zubereitungszeit: 20 Minuten ~ Nährwerte: 560 kcal (2340 kJ) ~ Fett 21 g

Ein Wels namens Pangasius: Der aus Südostasien stammende Fisch ist in Europa ein begehrter Speisefisch, denn er ist grätenarm und mild im Geschmack. Hier wird das saftige Filet von roten, orientalisch angehauchten Linsen begleitet, die sich durch eine extrem kurze Kochzeit auszeichnen.

1 kleine Zwiebel
1 Knoblauchzehe
1 Stück Ingwer (2 cm)
1 kleine rote Chilischote
1 EL Rapsöl
1 Prise Kreuzkümmel
150 ml Gemüsebrühe
1 Gewürznelke
70 g rote Linsen
150 g Pangasius-Filet
Salz
Pfeffer aus der Mühle
1 EL Mehl
1 TL Butter
1 EL Sahne
1 Prise Zimtpulver

Die Zwiebel und den Knoblauch schälen und fein hacken. Den Ingwer schälen. Die Chilischote waschen und putzen. Chilischote und Ingwer hacken. Das Öl erhitzen. Zwiebel, Knoblauch, Ingwer, Chili und Kreuzkümmel darin anbraten. Die Gemüsebrühe angießen, die Gewürznelke und die Linsen hinzufügen und bei schwacher Hitze 10 Minuten garen.

In der Zwischenzeit das Pangasius-Filet unter fließend kaltem Wasser abspülen, trocken tupfen, mit Salz und Pfeffer würzen und leicht mehlieren. Die Butter erhitzen und das Filet auf beiden Seiten je ca. 3 Minuten bei mittlerer Hitze braten.

Die Sahne zu den Linsen geben und mit Salz, Pfeffer und Zimt abschmecken. Das Pangasius-Filet mit den Linsen anrichten.

Tipp
Die roten Linsen können außerdem für ein schnelles Eintopfgericht verwendet werden (Rezept S. 119).

HERZHAFTES CHILL-OUT-ESSEN

Schweinefilet mit Chili-Datteln

Zubereitungszeit: 20 Minuten ~ Nährwerte: 294 kcal (1229 kJ) ~ Fett 13 g

Sie haben einen anstrengenden Arbeitstag hinter sich und in der Mittagspause gab´s nur einen Apfel? Dann gönnen Sie sich jetzt mal das Beste vom Schwein und bereiten Sie mit wenigen Handgriffen Filet mit würzigem Bacon, süßen Datteln und Chili zu.

4 entsteinte Datteln
1 Scheibe Bacon (Frühstücksspeck)
1 kleine rote Chilischote
1 Schalotte
160 g Schweinefilet
1 TL Olivenöl
1 TL Butter
Salz
Pfeffer aus der Mühle
1 Thymianzweig
50 ml Rotwein
50 ml Rindfleischbrühe

Die Datteln halbieren, den Bacon klein schneiden. Die Chilischote waschen, putzen und fein hacken. Die Schalotte schälen und würfeln. Das Schweinefilet in 3 cm dicke Scheiben schneiden. Olivenöl und Butter in einer Pfanne erhitzen und das Fleisch rundum goldbraun braten, mit Salz und Pfeffer würzen und herausnehmen.

Die Bacon- und Schalottenwürfel im Bratfett kurz anbraten, Chilischote, Datteln und den Thymianzweig hinzufügen. Mit Rotwein und Rindfleischbrühe ablöschen und einkochen. Das Fleisch dazugeben und weitere 5 Minuten schmoren.

Dazu passt frischer Salat.

Und morgen?
Aus den restlichen Datteln und dem Bacon den spanischen Tapas-Klassiker Datteln im Speckmantel herstellen. Die Datteln in Bacon einwickeln und in der Pfanne schön knusprig braten. Noch heiß aus der Pfanne schmecken sie am besten.
Oder die Datteln für Involtini vom Seeteufel mit Datteln und Bacon verwenden (Rezept S. 104).

GRÜN, FEURIG, SCHARF

Pfannengerührtes Rindfleisch mit Wasabi und Salatherzen

Zubereitungszeit: 20 Minuten ~ Nährwerte: 393 kcal (1643 kJ) ~ Fett 18 g

Wer schon mal Sushi oder Sashimi gegessen hat, kennt Wasabi. Der Scharfmacher aus der japanischen Küche würzt hier zarte Streifen vom Rumpsteak. Sautiert mit Salatherzen kommt es in wenigen Minuten zu einem pikanten asiatischen Geschmackserlebnis. Aber Vorsicht bei der Dosierung von Wasabi: Der als Paste, Wurzel oder Pulver erhältliche grüne Meerrettich brennt höllisch in Rachen und Nase.

1 Knoblauchzehe
1 Zwiebel
1 Salatherz
1 Rumpsteak
1 EL Sesam- oder anderes Öl
Salz
Pfeffer aus der Mühle
1 Msp. Wasabi-Pulver
(oder Wasabi-Paste)
1 EL Sojasauce
1 TL Honig
1 TL Senf

Den Knoblauch schälen und hacken. Die Zwiebel schälen und in Achtel schneiden. Das Salatherz waschen, trocken schütteln und vierteln. Das Rumpsteak waschen, trocken tupfen und in Streifen schneiden.

Das Öl in einer Pfanne erhitzen. Den Knoblauch und die Zwiebel unter Rühren anbraten. Die Rindfleischstreifen hinzufügen, mit Salz und Pfeffer würzen und ebenfalls unter Rühren 4 Minuten anbraten. Das Wasabi-Pulver mit Sojasauce, Honig und Senf verrühren und zugeben. Dann die Salatviertel zugeben und alles mit dem Fleisch ca. 2 Minuten schmoren.

Dazu passt Reis.

Und morgen?
Salatherzen werden häufig im 2er- oder 3er-Beutel angeboten.
Die restlichen Herzen für Salat mit gebratenem Ingwer-Zitronen-Lachs (Rezept S. 63), für Zitrusfrüchte mit Scampi (Rezept S. 82) oder für Tortilla-Wraps verwenden (Rezept S. 75).

HEISSES AUS DER PFANNE MIT FRISCHER BEGLEITUNG

Rumpsteak mit Tomaten-Oliven-Salsa

Zubereitungszeit: 15 Minuten ~ Nährwerte: 431 kcal (1802 kJ) ~ Fett 23 g

In der Kantine gab´s Eintopf und eine Stulle soll´s heute Abend nicht schon wieder sein? Sorgen Sie für Abwechslung in der Alltagsküche! Ein kurz gebratenes Steak mit einer erfrischenden Salsa aus Tomate, Petersilie und Olive bringt Genuss am Feierabend.

2 TL Olivenöl
Saft von ½ unbehandelten Zitrone
½ TL getrockneter Oregano
schwarzer Pfeffer aus der Mühle
1 Rumpsteak (ca. 200 g)
1 Tomate
1 Schalotte
5 schwarze entsteinte Oliven
¼ Bund glatte Petersilie
1 TL geriebene Schale
von 1 unbehandelten Zitrone
Salz

1 TL Olivenöl mit 1 EL Zitronensaft, Oregano und Pfeffer mischen und über das Steak geben.

Die Tomate waschen, vierteln, den Stielansatz und die Kerne entfernen. Die Schalotte schälen. Tomate, Schalotte und Oliven fein würfeln. Petersilie waschen, trocken schütteln, die Blätter abzupfen und fein hacken. Alles mit dem restlichen Zitronensaft, Zitronenschale und etwas Olivenöl mischen. Mit Salz und Pfeffer würzen.

Das Steak abtropfen lassen und auf beiden Seiten bei starker Hitze im restlichen Olivenöl auf jeder Seite ca. 3 Minuten braten. Aus der Pfanne nehmen und warm halten. Den Bratensatz mit der Marinade loskochen und über das Steak geben. Mit Salz würzen und mit der Salsa anrichten.

Dazu passt grüner Salat.

Tipp
Das Steak am Schluss mit grobem Meersalz oder Fleur de Sel würzen – es lohnt sich!

Nudeln sind echte Teamplayer, die für unendlich viele Kombinationen zu haben sind. Schnell gekocht sind sie sowieso und in Begleitung einer raffinierten Sauce einfach ein perfektes Solo-Essen. Egal, ob deftig mit Pfifferlingen und Bacon-Chips oder edel mit Flusskrebsen und Zitronengras: Während die Nudeln im Salzwasser kochen, können Sie in wenigen Minuten eine köstliche Sauce zubereiten. Die Stars der italienischen Küche lieben übrigens Pesto – stellen Sie die beliebte Pastasauce in mehreren Variationen auf Vorrat her, im Schraubglas ist sie lange haltbar.

Pasta
SUPERSTAR IN DER SOLO-KÜCHE

CREMIGE PASTA – WÜRZIG UND KNUSPRIG

Pappardelle mit Pfifferlingen, Ricotta und Bacon-Chips

Zubereitungszeit: 15 Minuten ~ Nährwerte: 621 kcal (2484 kJ) ~ Fett 22 g

Pfifferlinge sind begehrte Speisepilze und von Juni bis November erhältlich. Der würzige Waldpilz mit dem leicht pfeffrigen Geschmack ist nicht nur ein idealer Begleiter zu Wildgerichten, sondern harmoniert auch wunderbar mit cremiger Pasta und geröstetem Bacon. Nutzen Sie die Saison!

100 g Pappardelle
(breite Bandnudeln)
100 g frische Pfifferlinge
1 Schalotte
¼ Bund Petersilie
1 EL Butter
Salz
Pfeffer aus der Mühle
50 ml Rindfleischbrühe
2 Scheiben Bacon
80 g Ricotta

Pappardelle in kochendem Salzwasser bissfest garen.

In der Zwischenzeit die Pfifferlinge putzen (nicht waschen, denn dann saugen sie sich voll). Sandige Exemplare mit einem Pinsel reinigen oder mit Küchenpapier abreiben. Pilze in kleine Stücke schneiden. Die Schalotte schälen und fein würfeln. Die Petersilie waschen, trocken schütteln und klein schneiden.

Die Butter erhitzen und die Schalottenwürfel darin andünsten. Die Pfifferlinge zugeben, mit Salz und Pfeffer würzen und bei mittlerer Hitze 5 Minuten braten. Mit der Rindfleischbrühe ablöschen.

Den Bacon in einer Pfanne ohne Fett rösten. Den Ricotta grob zerbröseln. Die Nudeln mit den Pfifferlingen, der gehackten Petersilie und dem Ricotta mischen. Mit Bacon-Chips anrichten.

Und morgen?
Ricotta wird im Handel als 250-g-Packung angeboten. Morgen den Rest für Crostini und Sommergemüse (Rezept S. 20) oder für Feigen mit Parmaschinken verwerten (Rezept S. 99).

SCHNELLE NUDELN MIT FEINER NOTE

Tagliatelle mit Flusskrebsen und Zitronengras

Zubereitungszeit: 10 Minuten ~ Nährwerte: 698 kcal (2918 kJ) ~ Fett 35 g

Für dieses Pasta-Gericht wird Sahne mit Zitronengras aromatisiert. Das Flusskrebsfleisch erhält so einen Hauch Zitrus-Aroma und überzeugt mit seinem erlesenen Geschmack.

100 g Tagliatelle
1 Stängel Zitronengras
75 g Sahne
75 ml Hühnerbrühe
1 Eigelb
½ TL körnige Gemüsebrühe
1 TL frisch gehackter Dill
80 g Flusskrebsfleisch

Die Tagliatelle in reichlich kochendem Salzwasser bissfest garen.

In der Zwischenzeit das Zitronengras längs halbieren und auseinander-zupfen. Sahne und Hühnerbrühe in einen Topf geben, das Zitronengras hineinlegen und die Mischung langsam zum Kochen bringen. Zitronen-gras kurz ziehen lassen, die Sahne dann durch ein Sieb gießen.

Eigelb, körnige Brühe und etwas heiße Sahne-Brühe-Mischung verrüh-ren und in die restliche heiße Sahne-Brühe-Mischung rühren, das Ganze erhitzen (aber nicht kochen) und mit einem Schneebesen kräftig rühren, bis die Sauce cremig wird. Vom Herd nehmen.

Dill und Flusskrebsfleisch in die Sauce geben und mit den Nudeln mischen.

Und morgen?
Eventuell übrig gebliebenes Flusskrebsfleisch am nächsten Tag durch Rührei ziehen oder für Baguette mit Avocado-Tatar verwenden (Rezept S. 71).

DEFTIG UND UNWIDERSTEHLICH GUT

Gnocchi mit geschmortem Radicchio und Blauschimmelkäse

Zubereitungszeit: 15 Minuten ~ Nährwerte: 670 kcal (2800 kJ) ~ Fett 56 g

Radicchio und Blauschimmelkäse sind ein gutes Team. Erst recht mit würzigem Mett und cremiger Sahne. Der Trick: Das Mett wird aus der Bratwurst direkt in die Sauce gedrückt. So spart man sich das lästige Formen der kleinen Klößchen. Für die Light-Version die Wurst einfach weglassen.

1 kleiner Radicchio (ca. 100 g)
100 g Gnocchi (Kühlregal)
1 EL Butter
1 Schuss Balsamico-Essig
Salz
Pfeffer aus der Mühle
2–3 EL Sahne
75 ml Hühnerbrühe
1 Bratwurst (100 g)
20 g Blauschimmelkäse

Den Radicchio waschen, putzen, trocken schütteln, halbieren und den Strunk entfernen. Radicchiohälften in Streifen schneiden.

Die Gnocchi nach Packungsanweisung in Salzwasser kochen.

In der Zwischenzeit die Butter erhitzen und den Radicchio darin ca. 3 Minuten schmoren. Mit Balsamico-Essig ablöschen und mit Salz und Pfeffer würzen. Die Sahne und die Hühnerbrühe angießen. Die Masse aus der Bratwurst stückchenweise in die Sauce drücken. Zugedeckt etwa 5 Minuten garen. Am Schluss den Blauschimmelkäse in die Sauce bröckeln und schmelzen.

Und morgen?
Gnocchi werden häufig in 500-g-Packungen angeboten. Aus dem Rest Gnocchi mit Salbei, Butter und Parmesan zubereiten. Hierfür die Gnocchi kurz in Salzwasser kochen. Butter erhitzen und den Salbei bei schwacher Hitze ganz leicht anbraten. Gnocchi abgießen, in der Salbeibutter schwenken und mit geriebenem Parmesan bestreuen.

FRÜHLINGSPASTA MIT FEINEN ZUTATEN

Penne mit grünem Spargel, Nordsee-krabben und Ziegenfrischkäse

Zubereitungszeit: 15 Minuten ~ Nährwerte: 579 kcal (2420 kJ) ~ Fett 27 g

Bereiten Sie dieses nicht alltägliche Nudelgericht mit der kleinen Edel-garnele zu, wenn es den ersten Spargel auf dem Markt gibt. Verwenden Sie statt Nordseekrabben auch mal kleine Shrimps oder Flusskrebsfleisch – auch die passen hervorragend zum zarten Spargel und zum milden Käse.

100 g Penne	Die Nudeln in kochendem Salzwasser bissfest garen.
Salz	
150 g grüner Spargel	Den Spargel im unteren Drittel schälen und die holzigen Enden entfer-
1 EL Butter	nen. Den Spargel in Stücke schneiden und in der Butter mit je 1 Prise
Zucker	Zucker und Salz ca. 5 Minuten bei schwacher Hitze zugedeckt schmoren.
Salz	Zwischendurch die Stücke vorsichtig umrühren.
50 g Ziegenfrischkäse	
50 g Nordseekrabbenfleisch	Die Nudeln abgießen. Den Spargel mit der Butter über die Nudeln geben
(ersatzweise Shrimps	und den Käse darüberbröckeln. Mit den Nordseekrabben bestreuen.
oder Flusskrebsfleisch)	

Und morgen?

Da grüner Spargel häufig bundweise (500 g) und Nordseekrabben in 100-g-Schalen angeboten werden, aus den Resten Spargel mit Krabbenrührei zube-reiten. Restliche Krabben können auch für gebratenes Fischfilet mit gebra-tenen Kapern und Limetten (Rezept S. 25), Spargelreste für Blätterteigblüten verwenden werden (Rezept S. 128).

FÜR ALLE PESTO- UND PASTAFANS

Spaghetti mit Pesto aus Tomaten und Pinienkernen

Zubereitungszeit: 10 Minuten ~ Nährwerte: 673 kcal (2813 kJ) ~ Fett 34 g

Das Pesto rosso aus aromatischen Tomaten, schwarzen Oliven und gerösteten Pinienkernen sollte auf Ihrem Küchenzettel einen festen Platz haben. Es ist schnell zubereitet und schmeckt auch mit frischem Basilikum grandios.

100 g Spaghetti
Salz
10 g Pinienkerne
1 Knoblauchzehe
60 g getrocknete Tomaten (in Öl)
10 schwarze entkernte Oliven
20 g Parmesan (am Stück)
1 EL Olivenöl

Die Spaghetti in reichlich kochendem Salzwasser bissfest garen.

Für das Pesto die Pinienkerne in einer Pfanne ohne Fett rösten. Den Knoblauch schälen. Die eingelegten Tomaten abtropfen lassen.

Knoblauch, Tomaten und Oliven fein hacken oder im Mixer zerkleinern. Parmesan reiben. Alle Zutaten mit den gerösteten Pinienkernen mischen, mit Olivenöl verrühren und über die Spaghetti geben.

VARIANTEN – PESTO FÜR DEN VORRAT

Klassisches Pesto mit Basilikum und Pinienkernen

40 g geröstete Pinienkerne mit den Blättern von 2 Bund Basilikum, 2 gehackten Knoblauchzehen und etwas Salz im Mörser zerreiben oder im Mixer zerkleinern. 40 g frisch geriebenen Parmesan hinzufügen und nach und nach 60 ml Olivenöl unterrühren. Statt Basilikum eignen sich auch Bärlauch oder Rucola.
Passt gut zu Pasta.
Nährwerte pro Portion: 448 kcal (1873 kJ) ~ Fett 47 g

Arabisches Pesto mit Sardellen, Rosinen und Mandeln

40 g geröstete Mandeln mit den Blättern von 2 Bund Minze, 2 gehackten Knoblauchzehen, 2 gehackten Chilischoten und etwas Salz im Mörser zerreiben oder im Mixer zerkleinern. Nach und nach 60 ml Olivenöl unterrühren. 1 Prise Zimt, 1 Prise Kardamom, Pfeffer, 4 klein geschnittene Sardellenfilets und 40 g Rosinen hinzufügen.
Passt gut zu Geflügel, Lamm und Pasta.
Nährwerte pro Portion: 417 kcal (1743 kJ) ~ Fett 41 g

Asiatisches Pesto mit Koriander, Limette und Cashewnüssen

40 g geröstete Cashewnüsse mit den Blättern von 2 Bund Koriandergrün, 2 gehackten Knoblauchzehen, 2 gehackten Chilischoten, 20 g geriebenem Ingwer und der abgeriebenen Schale von 1 Limette im Mörser zerreiben oder im Mixer zerkleinern. Nach und nach 30 ml Olivenöl, 30 ml Sesamöl und den Saft von 1 Limette zugeben.
Passt gut zu Fisch, Geflügel und Pasta.
Nährwerte pro Portion: 363 kcal (1517 kJ) ~ Fett 38 g

LIEBE AUF DEN ERSTEN BISS

Pasta mit Walnuss-Pesto und Roquefort

Zubereitungszeit: 20 Minuten ~ Nährwerte: 768 kcal (3210 kJ) ~ Fett 47 g

Schon beim Anblick läuft einem das Wasser im Mund zusammen: Würziger Käse, geröstete Nüsse und geschmolzene Tomaten sind nicht nur optisch eine Sensation, sondern auch geschmacklich einzigartig.

100 g Bandnudeln
1 kleine Knoblauchzehe
½ Bund Basilikum
20 g Walnusskerne
20 g Parmesan (am Stück)
40 ml Walnussöl
(ersatzweise Olivenöl)
Salz
Pfeffer aus der Mühle
100 g Kirschtomaten
1 EL Olivenöl
50 ml Weißwein
1 TL Zucker
30 g Roquefort (oder ein anderer
Blauschimmelkäse)

Die Nudeln in reichlich kochendem Salzwasser bissfest garen.

Für das Pesto den Knoblauch schälen, Basilikum waschen, trocken schütteln und grob zerkleinern. Die Walnusskerne in einer Pfanne ohne Fett rösten und grob hacken. Den Parmesan in kleine Stücke bröckeln. Alles zusammen mit der Hälfte der Walnusskerne im Mörser zerreiben oder mit dem Pürierstab fein pürieren. Dabei das Öl nach und nach unterrühren. Mit Salz und Pfeffer abschmecken.

Die Tomaten waschen und abtrocknen. Das Olivenöl erhitzen und die Tomaten etwa 3 Minuten darin braten, bis sie weich sind und die Haut leicht aufplatzt. Die Tomaten mit Weißwein ablöschen und mit Salz, Pfeffer und Zucker würzen. Die Nudeln abgießen. Pesto und Tomaten unterheben. Den Roquefort über die Nudeln bröckeln und die restlichen Nüsse drüberstreuen.

Tipp
Eventuell übrig gebliebene Walnusskerne und Roquefort für Feldsalat mit Blauschimmelkäse verwenden (Rezept S. 60).

LÖFFEL FÜR LÖFFEL KONZENTRIERTES AROMA

Basis-Rezept für Tomaten-Sugo

Zubereitungszeit: 10 Minuten ~ Kochzeit: 1 Stunde ~ Nährwerte pro Portion: 93 kcal (390 kJ)
Fett: 39 g

Es gibt wenige Gemüsesorten, die so vielseitig sind wie die Tomate. Schon
eine einfache, aromatische Tomatensauce mit verschiedenen Kräutern ist
ein perfekter Pasta-Begleiter. Stellen Sie die Grundsauce für den Vorrat
her, abgefüllt in Schraubgläsern hält sie sich mehrere Wochen.

2 Zwiebeln
2 Knoblauchzehen
2 EL Olivenöl
2 Dosen geschälte Tomaten (1600 g,
mit Flüssigkeit)
1 Lorbeerblatt
1 TL getrockneter Thymian
½ TL getrockneter Rosmarin
1 TL getrockneter Oregano
Salz
Pfeffer aus der Mühle
Zucker

ergibt 1,2 l Sauce (ca. 6 Portionen)

Zwiebeln und Knoblauch schälen und würfeln, in einem Topf in Olivenöl
andünsten. Tomaten mit der Flüssigkeit zugeben. Mit Lorbeerblatt, Thymian, Rosmarin und Oregano würzen.

Die Sauce ca. 1 Stunde bei schwacher Hitze dicklich einkochen. Wäh-
renddessen gelegentlich umrühren und die Tomaten mit dem Holzlöffel
zerdrücken.

Am Schluss die Sauce mit Salz, Pfeffer und Zucker abschmecken und
kochend heiß randvoll in saubere Gläser mit Schraubverschluss füllen. Gläser sofort verschließen,
umdrehen und abkühlen lassen. Die Sauce
hält sich mindestens 4 Wochen.

VON MEDITERRAN BIS DEFTIG

Auf der Basis von Tomaten-Sugo lassen sich viele tolle Nudelsaucen zubereiten. Probieren Sie verschiedene Varianten – oder lassen Sie sich einfach inspirieren und kreieren Sie Ihre eigene Sauce.

Mediterran

Basis-Tomaten-Sugo

+ *Kapern*
+ *schwarze Oliven*
+ *Sardellenfilets (in Öl)*

Kapern, Oliven und fein gehackte Sardellenfilets zum Tomatensugo geben. 5 Minuten köcheln lassen.

Sommerlich

Basis-Tomaten-Sugo

+ *Ricotta*
+ *frischer Basilikum*

Tomatensauce mit gekochter Pasta mischen. Ricotta und Basilikum darüberverteilen.

Rustikal

Basis-Tomaten-Sugo

+ *gebratene Salsiccia (italienische Wurst)*
+ *gebratene Aubergine*

Italienische Salsiccia (ersatzweise spanische Chorizo oder eine andere würzige Salami) in mundgerechte Stücke schneiden und mit Auberginenscheiben in Olivenöl scharf anbraten. Mit Tomaten-Sugo auffüllen und ca. 10 Minuten köcheln lassen.

Pikant

Basis-Tomaten-Sugo

+ *Bauchspeck*
+ *Chilischote*

Bauchspeck würfeln und anbraten. Chilischote hacken und hinzufügen. Mit Tomaten-Sugo auffüllen und 5 Minuten köcheln lassen.

Maritim

Basis-Tomaten-Sugo

+ *Meeresfrüchte*
+ *Weißwein*

Meeresfrüchte – frisch oder tiefgefroren – unter den Sugo heben und das Ganze mit Weißwein abschmecken. Wer mag, gibt noch gehackte Petersilie hinzu.

Deftig

Basis-Tomaten-Sugo

+ *Knoblauch*
+ *weiße Bohnen*
+ *Salbei*

Knoblauch in Olivenöl anschwitzen. Weiße Bohnen aus der Dose abspülen. Mit Tomaten-Sugo zum Knoblauch geben. Salbeiblätter hinzufügen und die Sauce mindestens 10 Minuten köcheln lassen.

Legen Sie Vorräte an für Notzeiten! Denn wenn der Kühlschrank leer ist, die Supermärkte schon geschlossen sind und der Döner-Laden um die Ecke nicht schon wieder für Ihr leibliches Wohl sorgen soll, dann können Sie auf diese Vorräte zurückgreifen. Statten Sie sich mit einem Grundsortiment haltbarer Lebensmittel aus. Hierzu gehören zum Beispiel Nudeln, Reis, Konserven und Gewürze. Sie werden sehen, dass Sie selbst aus einfachen Zutaten ein tolles Essen zubereiten können. Empfehlenswert ist es, Ihren Vorrat zusätzlich um einige Schmankerl aufzustocken. Getrocknete Steinpilze und Couscous beispielsweise sind ewig lange haltbar und exzellent für die Survival-Küche.

Survival-Food

WENN NICHTS MEHR GEHT …

EIN HAUCH AUS 1001 NACHT

Orientalische Kichererbsensuppe

Zubereitungszeit: 20 Minuten ~ Nährwerte: 440 kcal (1840 kJ) ~ Fett 20 g

Es ist schon toll, was Ihr Vorratsschrank alles zu bieten hat: Kreieren Sie
aus wenigen Zutaten und Gewürzen ein leckeres Süppchen und freuen Sie
sich, dass Sie sich nicht mit Fast Food über den Abend gerettet haben.

1 kleine Dose Kichererbsen
(240 g EW)
1 kleine Zwiebel
1 kleine Knoblauchzehe
1 EL Olivenöl
3 Safranfäden
1 TL Kurkuma
1 TL Kreuzkümmel
300 ml Gemüsebrühe
50 g Sahne
Salz
Pfeffer aus der Mühle

Die Kichererbsen in einem Sieb abtropfen lassen.

Zwiebel und Knoblauch schälen, fein hacken und in Olivenöl glasig andünsten. Kichererbsen, Safranfäden, Kurkuma und Kreuzkümmel hinzufügen. Mit Gemüsebrühe und Sahne aufgießen und 15 Minuten köcheln
lassen.

Danach alles mit dem Pürierstab fein pürieren und mit Salz und Pfeffer
abschmecken.

Tipp
Aus Weißbrot knusprige Croûtons herstellen: Weißbrotwürfel in Olivenöl
und Knoblauch anbraten und die Suppe damit toppen.

GANZ EINFACH, ABER SUPERLECKER!

Spaghetti mit Zitronen-Thunfisch-Sauce und Kapern

Zubereitungszeit: 10 Minuten ~ Nährwerte: 669 kcal (2796 kJ) ~ Fett 28 g

Im Kühlschrank herrscht mal wieder gähnende Leere. Wie gut, dass im Vorratsregal Thunfisch, Zitrone und Kapern bereitstehen! Zaubern Sie im Rekordtempo ein köstliches Nudelgericht aus diesen Zutaten, das Sie davor bewahrt, schon wieder den Lieferservice rufen zu müssen.

100 g Spaghetti
½ Dose Thunfisch (75 g im eigenen Saft)
1 kleine Zwiebel
1 EL Rapsöl
50 ml Gemüsebrühe
50 g Sahne
1 TL Kapern
Salz
Pfeffer aus der Mühle
1 EL Zitronensaft
gehackte Petersilie nach Belieben
(frisch oder tiefgefroren)

Die Spaghetti in reichlich kochendem Salzwasser bissfest garen.

Den Thunfisch abtropfen lassen.

Die Zwiebel schälen, fein hacken und in Öl andünsten. Mit Gemüsebrühe und Sahne aufgießen. Die Thunfischstücke und die Kapern hinzufügen und langsam in der Sauce erhitzen. Mit Salz, Pfeffer und Zitronensaft abschmecken. Sauce über die Nudeln geben. Nach Belieben gehackte Petersilie in die Sauce geben.

Und morgen?
Restlichen Thunfisch sofort oder spätestens am nächsten Tag zu einer Creme verarbeiten: Thunfisch mit Kapern, Zitronensaft und fettreduzierter Mayonnaise pürieren. Mit Salz und Pfeffer abschmecken und als Aufstrich verwenden.

MUST HAVE PLUS EXTRAS

Spaghetti aglio e olio mit Peperoni, Oliven und Sardellen

Zubereitungszeit: 10 Minuten ~ Nährwerte: 555 kcal (2320 kJ) ~ Fett 28 g

Ein absolutes Muss für Ihren Vorrat: Spaghetti, Knoblauch und Olivenöl.
Ein zusätzliches Plus: Peperoni, Oliven, Sardellen und getrocknete Tomaten. Damit können Sie den Pasta-Klassiker aglio e olio schnell und einfach aufpeppen!

100 g Spaghetti
Salz
1 große Knoblauchzehe
1 kleine getrocknete Chilischote
20 g getrocknete Tomaten (in Öl)
2–3 milde Peperoni (Glas)
5 schwarze entsteinte Oliven
3 Sardellenfilets (in Öl)
20 g Parmesan (am Stück)
4 EL Olivenöl

Die Spaghetti in reichlich kochendem Salzwasser bissfest garen.

Den Knoblauch schälen und hacken, Chilischote, getrocknete Tomaten, Peperoni, Oliven und Sardellenfilets fein hacken. Den Parmesan reiben.

Die Hälfte des Olivenöls erhitzen, den Knoblauch darin glasig dünsten. Chili, Tomaten, Peperoni, Oliven und Sardellen hinzufügen. Alles mit den Spaghetti und dem restlichen Olivenöl mischen. Mit geriebenem Parmesan bestreuen.

KÖSTLICHKEIT AUS DEM VORRAT

Bandnudeln mit Steinpilzen

Einweichzeit: 30 Minuten ~ Zubereitungszeit: 15 Minuten ~ Nährwerte: 687 kcal (2872 kJ) ~ Fett 32 g

Staffieren Sie Ihren Vorratsschrank mit getrockneten Steinpilzen aus,
dann sind Sie nicht auf die kurze Steinpilzsaison im Herbst angewiesen.
Der unverwechselbare Geschmack der köstlichen Waldpilze prägt dieses
Pastagericht und macht es zum Hochgenuss.

10 g getrocknete Steinpilze
20 g Parmesan (am Stück)
100 g Bandnudeln
1 Knoblauchzehe
1 EL Olivenöl
Salz
Pfeffer aus der Mühle
3 EL Weißwein
50 ml Hühnerbrühe
50 g Sahne

Die Steinpilze mit 100 ml heißem Wasser übergießen und mindestens 30 Minuten einweichen.

Den Parmesan reiben. Die Nudeln in reichlich kochendem Salzwasser bissfest garen.

In der Zwischenzeit den Knoblauch schälen und hacken. Das Öl in einer Pfanne erhitzen und den Knoblauch darin glasig dünsten. Die Pilze aus dem Wasser heben, etwas trocken tupfen, zum Knoblauch geben und anbraten. Mit Salz und Pfeffer würzen und mit der Einweichflüssigkeit ablöschen. Flüssigkeit um die Hälfte reduzieren, den Wein und die Hühnerbrühe angießen. Die Sahne dazugießen und unterrühren.

Die Nudeln mit der Pilzsauce mischen und mit Parmesan bestreuen.

Geröstete Paprika mit Couscous-Füllung

Zubereitungszeit: 25 Minuten ~ Backzeit: 20 Minuten ~ Nährwerte: 642 kcal (2683 kJ) ~ Fett 35 g

Ganz einfach und einfach gut: Aus diesen Zutaten aus dem Vorrat können Sie schnell ein sättigendes Feierabend-Gericht herstellen. Der Couscous wird in die bereits gerösteten Paprika gefüllt und mit einer sahnigen Sauce übergossen. Den Rest macht der Backofen.

60 g Couscous (Instant)
140 ml Gemüsebrühe
1 EL Pinienkerne
1 Zwiebel
1 Knoblauchzehe
1 EL Olivenöl
1 TL Rosinen
½ TL Currypulver
½ TL Kreuzkümmel
1 Glas geröstete Paprika (300 g EW)
50 g Sahne
Pfeffer aus der Mühle
50 g Parmesan (am Stück)

Couscous in eine Schüssel geben. Die Gemüsebrühe zum Kochen bringen. 90 ml davon über den Couscous geben, restliche Brühe beiseitestellen. Couscous 5 Minuten quellen lassen. Pinienkerne ohne Fett in einer Pfanne rösten. Zwiebel und Knoblauch schälen, fein hacken und in Olivenöl glasig dünsten. Couscous mit einer Gabel auflockern und mit Zwiebeln, Knoblauch, Pinienkernen und Rosinen mischen. Mit Currypulver und Kreuzkümmel abschmecken.

Den Backofen auf 200 °C vorheizen. Paprikaschoten aus dem Glas nehmen und abtropfen lassen. 200 g Paprika mit der Zwiebel-Couscous-Mischung füllen. Restliche Paprikaschoten mit der restlichen Gemüsebrühe und der Sahne pürieren. Mit Pfeffer abschmecken. Die gefüllten Paprika in eine ofenfeste Form legen und mit der Paprika-Sahne-Sauce übergießen. Den Parmesan darüberreiben und das Ganze im Ofen etwa 20 Minuten gratinieren.

Und morgen?
Gleich die doppelte Menge Couscous zubereiten und morgen die zweite Hälfte mit gebratenen Hähnchenbrust-, Zucchini-, Auberginenstreifen und eventuell übrig gebliebenen Paprikaschoten zubereiten. Dazu passt ein Klecks Natur-Joghurt. Passt auch zu Couscous: geschmortes Sommergemüse (Rezept S. 20)

TEX-MEX-FOOD MAL OHNE FLEISCH

Chili mit roten Bohnen

Zubereitungszeit: 30 Minuten ~ Nährwerte: 379 kcal (1584 kJ) ~ Fett 17 g

Das wohl bekannteste Gericht aus Mexiko und dem südlichen Texas ist für die Survival-Küche wie geschaffen. Heute gibt es eine vegetarische Variante des pikanten Bohneneintopfes mit Zutaten aus dem Vorrat.

1 Zwiebel
1 Knoblauchzehe
1 EL Rapsöl
1 kleine rote Chilischote
1 Dose geschälte Tomaten
(400 g, mit Flüssigkeit)
100 ml Gemüsebrühe
Salz
½ TL edelsüßer Paprika
½ TL Cayennepfeffer
½ TL Kreuzkümmel
1 kleine Dose Kidneybohnen
(120 g EW)
1 kleine Dose Mais (140 g EW)
1 TL Honig

Zwiebel und Knoblauch schälen, würfeln und in Öl glasig dünsten. Die Chilischote waschen, putzen, fein hacken und dazugeben.

Die Tomaten und die Gemüsebrühe hinzufügen und zum Kochen bringen. Mit Salz, edelsüßem Paprika, Cayennepfeffer und Kreuzkümmel würzen. Die Tomaten mit dem Pürierstab grob pürieren.

Die Kidneybohnen und den Mais zugeben und bei schwacher Hitze etwa 20 Minuten köcheln lassen. Am Schluss mit Honig abschmecken.

Tipp
Geben Sie das Chili als Füllung auf Tortilla-Fladen oder in Taco-Schälchen. Diese U-förmigen Schälchen sind lange haltbar und in gut sortierten Supermärkten zu finden.

Lustlos, ständig müde und ohne Kraft? Damit ist jetzt Schluss. Die leichten und schnellen Salatkreationen bringen Energie, heben die Stimmung und kurbeln den Stoffwechsel an. Mit ein bisschen Fantasie wird aus einfachem Grünzeug ein echter Genuss. Kombinieren Sie Blattsalat mit gebratenem Ingwer-Zitronen-Lachs oder Rucola mit geschmortem Thymian-Apfel – die Salate mit warmen Zutaten sind auch ideal im Winter und tragen lästige Fettpölsterchen ab. Sie sind schnell zubereitet, schmecken wunderbar und machen jede Frühjahrsdiät überflüssig.

Grünzeug
FRISCHES MIT VIEL FANTASIE
mit Genuss

NICHT NUR IM WINTER EIN GENUSS

Feldsalat mit Blauschimmelkäse und karamellisierten Walnüssen

Zubereitungszeit: 15 Minuten ~ Nährwerte: 491 kcal (2052 kJ) ~ Fett 35 g

Blauschimmelkäse und Nüsse sind eine geniale Kombination – hier werden sie auf Feldsalat, süßen Trauben und milder Vinaigrette angerichtet: ein erfrischender Salat mit dem verlockenden Aroma frisch gerösteter Walnüsse.

40 g Feldsalat
5 dunkle Weintrauben
2 EL Olivenöl
1 EL weißer Balsamico-Essig
1 TL Honig
Salz
Pfeffer aus der Mühle
2 TL Zucker
20 g Walnusskerne
40 g Blauschimmelkäse

Den Feldsalat gründlich waschen, putzen und trocken schleudern. Die Weintrauben waschen und halbieren.

Für das Dressing das Olivenöl mit dem Balsamico-Essig und dem Honig verrühren. Mit Salz und Pfeffer abschmecken.

Für die karamellisierten Walnüsse den Zucker in eine heiße Pfanne geben und farblos schmelzen. Die Walnusskerne unter Schwenken einen Augenblick lang karamellisieren lassen. Darauf achten, dass der Karamell nicht anbrennt. Die Nüsse aus der Pfanne nehmen und beiseitestellen.

Den Feldsalat mit den Weintrauben und dem Dressing auf einem Teller anrichten. Den Blauschimmelkäse in Stücke teilen und mit den Walnüssen auf dem Salat verteilen.

Tipp

Kaufen Sie frischen Feldsalat auf dem Markt oder im Gemüseladen ein. Dort können Sie die gewünschte Menge abwiegen lassen, im Supermarkt ist er meist nur in großen Plastikschalen erhältlich.

Eventuell übrig gebliebene Walnusskerne können Sie zu einem Walnuss-Pesto verarbeiten (Rezept S. 42).

GRÜNZEUG MIT WARMEN EXTRAS

Rucola mit geschmortem Thymian-Apfel und Ziegenkäse

Zubereitungszeit: 15 Minuten ~ Nährwerte: 365 kcal (1526 kJ) ~ Fett 23 g

Das Trio aus süßem Schmorapfel, würzigem Thymian und cremigem Ziegenkäse wird auf frischem Rucola angerichtet und mit dem warmen Sud aus der Pfanne beträufelt. Wenn Sie mögen, bestreuen Sie die Salatkomposition mit gerösteten Sonnenblumenkernen, sie bringen Extra-Aroma und gesund sind sie auch.

40 g Rucola
1 kleiner Apfel
2 EL Butter
2 EL weißer Balsamico-Essig
1 TL Zucker
2 Thymianzweige
40 g Ziegenfrischkäse

Den Rucola waschen, putzen und trocken schleudern.

Den Apfel waschen, mit einem Apfelausstecher das Kerngehäuse entfernen und den Apfel in 1 cm dicke Scheiben schneiden. Die Butter mit dem Essig und dem Zucker in einer Pfanne bei mittlerer Hitze erwärmen. Die Apfelscheiben mit den Thymianzweigen hineingeben und auf beiden Seiten je 3 Minuten bei mittlerer Hitze schmoren.

Den Rucola mit den geschmorten Apfelscheiben und den Thymianzweigen auf einem Teller anrichten. Mit dem Sud aus der Pfanne beträufeln. Den Ziegenkäse über den Salat bröckeln.

Tipp
Rucola wird häufig in 125-g-Schalen angeboten. Restlichen Rucola zu Pesto verarbeiten (Rezept S. 41, klassisches Pesto mit Basilikum und Pinienkernen; statt Basilikum Rucola nehmen). Passt gut zu Pasta oder geröstetem Weißbrot.

MEHR ALS NUR EIN GRÜNER SALAT

Blattsalat mit gebratenem Ingwer-Zitronen-Lachs

Zubereitungszeit: 20 Minuten ~ Nährwerte: 361 kcal (1509 kJ) ~ Fett 26 g

Ein Spiel der Kontraste: Knackiger Salat, zarter Fisch und das Aroma von Zitrone und Ingwer erfreuen den Gaumen bei jedem Bissen. Eine erfrischende Komposition für die Salatküche.

1 Salatherz
120 g Lachsfilet
1 Stück Ingwer (2 cm)
1 unbehandelte Zitrone
1 EL Olivenöl
Salz
weißer Pfeffer aus der Mühle
2 EL Weißwein
2 EL Hühnerbrühe
½ TL Zucker

Das Salatherz waschen, putzen, trocken schleudern und in Streifen schneiden. Den Lachs mit kaltem Wasser abspülen, trocken tupfen und in 3 x 3 cm große Würfel schneiden. Den Ingwer schälen und fein hacken. Die Zitrone heiß abwaschen, abtrocknen und 1 TL Schale abreiben. Die Zitrone halbieren, eine Hälfte auspressen, die andere Hälfte in Scheiben schneiden.

Das Olivenöl in einer Pfanne erhitzen. Ingwer und Zitronenschale darin 1 Minute dünsten. Die Fischwürfel mit Salz und Pfeffer würzen, mit den Zitronenscheiben in die Pfanne geben und unter Wenden 3 Minuten bei mittlerer Hitze braten. Die Zitronenscheiben und den Lachs aus der Pfanne nehmen und warm stellen.

Den Bratensatz mit Weißwein, Hühnerbrühe und Zitronensaft loskochen und mit Zucker abschmecken. Die Salatstreifen mit dem Lachs und den Zitronenscheiben anrichten und mit der Bratflüssigkeit beträufeln.

Und morgen?
Salatherzen werden häufig im 2er oder 3er- Beutel angeboten. Die restlichen Salatherzen für Rindfleisch mit Wasabi (Rezept S. 29), für Zitrusfrüchte mit Scampi (Rezept S. 82) oder für Tortilla-Wraps (Rezept S. 75) verwenden.

EINE FRUCHTIG-FRISCHE KOMPOSITION

Mango-Avocado-Salat mit gerösteten Cashewnüssen

Zubereitungszeit: 20 Minuten ~ Nährwerte: 335 kcal (1402 kJ) ~ Fett 31 g

Verwenden Sie für diesen köstlichen Salat die zarten Blätter vom Sommerspinat. Und wenn Sie es noch fruchtiger mögen, geben Sie zusätzlich frische Erdbeeren dazu.

40 g junger Blattspinat
(ersatzweise Rucola)
½ kleine rote Zwiebel
½ Mango
½ Avocado
1 kleine rote Chilischote
4 EL Rapsöl
3 EL frisch gepresster Orangensaft
Salz
Pfeffer aus der Mühle
30 g Cashewnüsse
einige Korianderblättchen
(nach Belieben)

Den Blattspinat gründlich waschen, putzen und trocken schleudern. Die Zwiebel schälen, halbieren und in feine Streifen schneiden. Die Mango- und die Avocadohälfte schälen und in Würfel schneiden. Spinat mit den Avocado- und Mangostücken anrichten. Die Zwiebelstreifen darüberstreuen.

Die Chilischote waschen, putzen und fein hacken. Das Öl mit Orangensaft, Chili, Salz und Pfeffer mischen. Die Cashewnüsse kurz in einer Pfanne rösten. Dressing und Nüsse über den Salat geben. Nach Belieben mit Korianderblättchen bestreuen.

Tipp

Die zweite Mangohälfte für Honig-Entenbrust mit Mango-Chili-Kompott (Rezept S. 108) oder Salsa verwenden (Rezept S. 72).

Die restliche Avocado für Quesadilla (Rezept S. 76) verwenden oder zu Guacamole verarbeiten: Hierfür die Avocado mit fein gehackter Schalotte, etwas Cayennepfeffer, Knoblauch, Salz und Pfeffer pürieren. Der Dip passt gut zu Nachos und ist außerdem ein köstlicher Brotaufstrich.

Sandwichs, Baguettes und Omeletts eignen sich hervorragend als Zwischenmahlzeiten für den kleinen Hunger. Sie sind schnell und leicht zuzubereiten und man kann sie sowohl kalt als auch warm genießen. Tortilla-Wraps beispielsweise sind eine prima Alternative zur ewigen Stulle und können in den Denkpausen bei der Computerarbeit verzehrt werden. Sie tropfen nicht, fetten nicht, bröckeln kaum und sind daher kompatibel mit Tastatur und Maus. Und wenn König Fußball das Zepter schwingt, macht die ganze Aufregung bekanntlich hungrig. Schnelle Snacks wie Chicken-Toastie oder pfiffige Omeletts sind dann genau das Richtige und können fix in der Halbzeitpause zubereitet werden.

Snacks

FÜR DEN @- UND TV-ABEND

ITALO-FLADEN MIT KÖSTLICHEN FÜLLUNGEN

Gefüllte Focaccia

Zubereitungszeit: jeweils 10 Minuten ~ Backzeit jeweils 6–8 Minuten

Ein Hauch von Süden für zwischendurch: Das Brot ist eines der typischen und schmackhaftesten Produkte aus Ligurien und wird dort in jeder Panetteria angeboten. Für diesen Imbiss eignet sich aber auch vakuumverpackte Focaccia oder Ciabatta. Vorteil: Sie haben das Brot immer zu Hause und sind so auch für Überraschungsbesuch gewappnet.

Je Variante 1 kleines Focaccia-Brot (ca. 150 g, vakuumverpackt, Brotregal), ersatzweise Ciabatta-Brot mit Olivenöl einpinseln, füllen und mit gehackten Rosmarinnadeln und grobem Meersalz bestreuen.

Mit Thunfisch und Kapern

Für die Füllung:
½ Dose Thunfisch
(75 g, im eigenen Saft)
1 Tomate
20 g Parmesan (am Stück)
1 TL Kapern
1 EL Olivenöl
Salz
Pfeffer aus der Mühle

Den Backofen auf 180 ºC vorheizen.

Für die Thunfisch-Kapern-Focaccia das Brot in der Mitte halbieren. Den Thunfisch abtropfen lassen, die Tomate waschen, vom Stielansatz befreien und in kleine Würfel schneiden. Den Parmesan reiben. Thunfisch mit Tomaten, Kapern und Olivenöl mischen. Mit Salz und Pfeffer würzen und auf der unteren Focaccia-Hälfte verteilen. Parmesan darüber streuen und mit der oberen Focaccia-Hälfte abdecken. Das gefüllte Brot auf der mittleren Schiene 6–8 Minuten backen.
Nährwerte: 614 kcal (2575 kJ) ~ Fett 31 g

Mit getrockneten Tomaten und Schafskäse

Für die Füllung:
40 g getrocknete Tomaten (in Öl)
40 g Schafskäse
4 Basilikumblätter

Den Backofen auf 180 °C vorheizen.

Für die Tomaten-Schafskäse-Focaccia das Brot in der Mitte halbieren. Eingelegte Tomaten abtropfen lassen und grob zerkleinern. Focaccia-Hälften mit dem Öl der eingelegten Tomaten einpinseln. Auf der unteren Focaccia-Hälfte die zerkleinerten Tomaten verteilen und den Schafs-käse darüberbröseln. Mit Basilikumblättern belegen und mit der oberen Focaccia-Hälfte abdecken. Das gefüllte Brot auf der mittleren Schiene 6–8 Minuten backen.
Nährwerte: 685 kcal (2863 kJ) ~ Fett 60 g

Tipp
Restlichen Thunfisch sofort oder spätestens am nächsten Tag zu einer Creme verarbeiten. Thunfisch mit Kapern, Zitronensaft und fettreduzierter Mayonnaise pürieren. Mit Salz und Pfeffer abschmecken und als Aufstrich genießen oder mit Kapern und kaltem Bratenaufschnitt als Sandwich-Füllung.

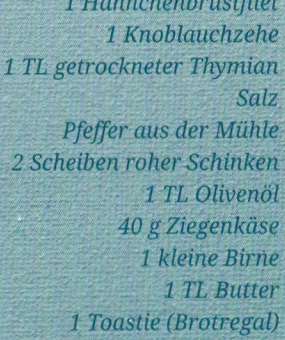

STATT STULLE – GENIAL EINFACH, GENIAL GUT

Sandwichs & Baguettes

Schneller Imbiss mit hohem Genussfaktor: Belegt mit köstlichen Zutaten sind diese Snacks ein kleines Festessen. Mit wenigen Handgriffen lassen sich in kurzer Zeit köstliche Varianten zubereiten.

1 Hähnchenbrustfilet
1 Knoblauchzehe
1 TL getrockneter Thymian
Salz
Pfeffer aus der Mühle
2 Scheiben roher Schinken
1 TL Olivenöl
40 g Ziegenkäse
1 kleine Birne
1 TL Butter
1 Toastie (Brotregal)

Chicken-Toastie mit Ziegenkäse und Birne

Zubereitungszeit: 20 Minuten ~ Nährwerte: 478 kcal (1198 kJ) ~ Fett 28 g

Das Hähnchenbrustfilet waschen, trocken tupfen und waagrecht halbieren, sodass zwei gleich große Stücke entstehen. Den Knoblauch schälen und längs halbieren. Die Filets mit Knoblauch und Thymian einreiben. Mit Salz und Pfeffer würzen und mit dem Schinken umwickeln.

Die umwickelten Hähnchenbrustfilets mit Olivenöl bestreichen und auf beiden Seiten etwa 3 Minuten braten. Anschließend jedes Fleischstück mit einem Stück Ziegenkäse belegen und dieses in der Pfanne zugedeckt zum Schmelzen bringen.

Inzwischen die Birne schälen, entkernen und in Viertel schneiden. Butter in einer weiteren Pfanne erhitzen und die Birnenviertel darin leicht bräunen. Toastie in zwei Hälften teilen und im Toaster hellbraun rösten. Die Hälften jeweils mit einem Hähnchenbrustfilet und Birnenvierteln belegen.

Tipp
Toasties gibt es in der 6er-Packung (Supermarkt-Brotregal). Sie sind lange haltbar und auch praktisch fürs Frühstück.

Baguette mit Flusskrebsen und Avocado-Tatar

Zubereitungszeit: 15 Minuten ~ Nährwerte: 370 kcal (1546 kJ) ~ Fett 29 g

1 Ei
1 kleine Schalotte
1 kleine reife Avocado
1 EL Zitronensaft
Salz
Pfeffer aus der Mühle
1 Baguette-Brötchen
1 EL Mayonnaise
50 g Flusskrebsfleisch

Das Ei hart kochen, die Schalotte schälen und fein hacken. Die Avocado schälen, der Länge nach halbieren und den Stein entfernen. Die Avocado-hälften in kleine Würfel schneiden.

Avocado und Schalotte vorsichtig mit dem Zitronensaft mischen und mit Salz und Pfeffer würzen.

Das Ei pellen und in Scheiben schneiden. Das Baguette-Brötchen halbieren und mit Mayonnaise bestreichen. Auf beide Hälften das Avocado-Tatar geben. Mit Flusskrebsfleisch und Ei belegen.

Ofen-Baguette mit Chorizo und Schafskäse

Zubereitungszeit: 10 Minuten ~ Backzeit: 15 Minuten ~ Nährwerte: 271 kcal (1133 kJ) Fett 22 g

1 Tomate
1 Baguette-Brötchen
1 EL Basilikum-Pesto
(Fertig-Pesto oder aus
eigener Produktion S. 41)
3 Scheiben Chorizo
(spanische Paprikawurst)
50 g Schafskäse
Alufolie

Den Backofen auf 200 °C vorheizen. Die Tomate waschen, vom Stielansatz befreien und in Scheiben schneiden. Das Baguette-Brötchen halbieren und die Schnittflächen mit Pesto bestreichen. Die untere Hälfte mit To-matenscheiben, Chorizo und Schafskäse belegen. Mit der oberen Hälfte abdecken und in Alufolie einwickeln. Im Backofen auf der mittleren Schiene ca. 15 Minuten backen.

MIT EXOTISCH-WÜRZIGEM BELAG

Indische Naan-Fladen

Zubereitungszeit: jeweils 15 Minuten

Das Brot aus gesäuertem Teig, Joghurt und Hefe wird in Indien über offener Glut gebacken und als Beilage zu heißen Speisen gegessen. Mittlerweile ist Naan über die Grenzen Indiens hinaus bekannt und als vorgebackenes Brot vakuumverpackt in vielen Supermärkten erhältlich. Im Ofen aufgebacken, werden die Fladen hier zu einer „indischen Pizza", belegt mit Tandoori-Chicken oder Mango und Koriander.

100 g indische Naan-Fladen mit Knoblauch und Koriander (Brotregal oder Asia-Laden; ersatzweise Fladenbrot nehmen und mit einer Knoblauch-Koriander-Öl-Mischung einpinseln)

Mit Tandoori-Chicken

80 g Hähnchenbrustfilet
1 EL Sesam- oder anderes Öl
1 EL Tandoori-Paste
50 g Frischkäse
1 TL Currypulver
Nährwerte: 461 kcal (1926 kJ) ~ Fett 13 g

Mit Mango-Salsa und Koriander

1 kleine Zwiebel
1 Stück Ingwer (2 cm)
1 kleine rote Chilischote
½ Mango
1 EL Sesam- oder anderes Öl
einige Zweige Koriandergrün
50 g Frischkäse
Nährwerte: 451 kcal (1885 kJ) ~ Fett 11 g

Den Backofen auf 180 °C vorheizen. Das Naan-Brot auf der mittleren Schiene ca. 5 Minuten aufbacken.

Für die erste Variante das Hähnchenbrustfilet in kleine Stücke schneiden. Das Öl in einer Pfanne erhitzen und das Fleisch mit der Tandoori-Paste etwa 2 Minuten darin anbraten. Den Frischkäse mit Currypulver verrühren und auf die flache Seite des aufgebackenen Brotes streichen. Gebratene Fleischstücke auf dem Fladen verteilen.

Für die zweite Variante die Zwiebel schälen und in kleine Würfel schneiden. Den Ingwer schälen, die Chilischote waschen und putzen. Ingwer und Chilischote fein hacken. Die halbe Mango schälen und in kleine Stücke schneiden. Zwiebelwürfel mit Chili und Ingwer in Öl andünsten, Mango hinzufügen und ca. 2 Minuten mitdünsten. Koriander waschen und trocken schütteln, die Blättchen abzupfen. Die Hälfte der Blätter hacken, mit dem Frischkäse verrühren und auf die flache Seite des aufgebackenen Brotes streichen. Mango-Salsa auf dem Fladen verteilen. Anschließend mit den restlichen Korianderblättchen bestreuen.

Und morgen?
Naan-Fladen werden im Handel häufig in 2er-Packungen angeboten. Das restliche Brot zu Tandoori-Lamm essen.
Die restliche Mango für Mango-Avocado-Salat (Rezept S. 64) oder Honig-Entenbrust (Rezept S. 108) verwenden. Die süße Mango schmeckt aber auch wunderbar zu Joghurtspeisen oder im Müsli.

MULTIFUNKTIONALES PAUSENBROT

Tortilla-Wrap mit Roastbeef, Orange und Meerrettich-Mayonnaise

Zubereitungszeit: 15 Minuten ~ Nährwerte: 329 kcal (1375 kJ) ~ Fett 5 g

Ob gerollt, gefaltet oder geviertelt – die mexikanischen Fladen aus Weizen- oder Mais-mehl werden mit köstlichen Zutaten gefüllt und sind ein idealer Snack. Man kann sie heiß oder kalt essen, am Schreibtisch, vorm Fernseher oder unterwegs.

1 Salatherz
1 Orange
2 EL fettreduzierte Mayonnaise
2 TL Sahnemeerrettich (Glas)
2 Scheiben Roastbeef
1 Tortilla-Fladen
Salz
Pfeffer aus der Mühle

Das Salatherz waschen, putzen, in Streifen schneiden und trocken schleudern. Mit einem scharfen Messer die Schale von der Orange von oben nach unten so abschneiden, dass die weiße Haut vollständig entfernt wird. Die Filets zwischen den Trennwänden herausschneiden.

Die Mayonnaise mit dem Meerrettich verrühren.

Den Fladen mit der Meerrettich-Mayonnaise bestreichen. Mit den Roastbeefscheiben belegen. Die Salatstreifen und die Orangenfilets darauf verteilen. Mit Salz und Pfeffer würzen.

Den Wrap aufrollen. Das untere Drittel in Folie oder Pergamentpapier wickeln.

Tipp
Salatherzen werden häufig im 2er- oder 3er-Beutel angeboten.
Restliche Herzen für pfannengerührte Rindfleischstreifen (Rezept
S. 29) oder Salat mit gebratenem Ingwer-Zitronen-Lachs verwenden (Rezept S. 63).

MEHR GUTES AUS DER TEX-MEX-KÜCHE

Quesadilla mit Avocado, Käse und Tomaten

Zubereitungszeit: 20 Minuten ~ Nährwerte: 468 kcal (1956 kJ) ~ Fett 38 g

Innen saftig, außen knusprig: Die beliebten Tortilla-Fladen können auch als Doppeldecker in der Pfanne zubereitet werden. Mit pikanten Füllungen und Käse schmecken sie besonders gut.

1 kleine Stange Lauch
1 Tomate
½ reife Avocado
½ Bund Petersilie oder Koriandergrün
Salz
Tabasco
1 EL Limettensaft
30 g Käse (zum Beispiel Gouda
oder Parmesan)
½ TL Rapsöl
2 Tortilla-Fladen

Den Lauch putzen, gründlich waschen und in sehr feine Ringe schneiden. Die Tomate waschen und vom Stielansatz befreien. Die Avocadohälfte schälen, beides in kleine Würfel schneiden. Petersilie oder Koriander waschen, trocken schütteln und hacken. Gehackte Kräuter mit Lauch, Tomate und Avocado mischen. Mit Salz, Tabasco und Limettensaft würzen. Den Käse reiben.

Etwas Öl in einer Pfanne erhitzen und einen Tortilla-Fladen in die Pfanne geben. Die Gemüse-Mischung auf der Tortilla verteilen, mit Käse bestreuen, mit einem weiteren Fladen abdecken und leicht zusammendrücken. Auf beiden Seiten goldbraun backen. Anschließend in Viertel teilen.

Tipp

Die restliche Avocado für Mango-Avocado-Salat verwerten (Rezept S. 64) oder zu Guacamole verarbeiten: Hierfür die Avocado mit fein gehackter Schalotte, etwas Cayennepfeffer, Knoblauch, Salz und Pfeffer pürieren. Der Dip passt gut zu Nachos und ist außerdem ein köstlicher Brotaufstrich. Tortilla-Fladen gibt es im Laden als 6er Packung. Restliche Fladen einfrieren oder mit Chili-Bohnen füllen (Rezept S. 56). Hierfür den Fladen in einer Pfanne ohne Fett einige Sekunden erwärmen, mit warmem Chili füllen und aufrollen oder zu einer Tasche formen.

ASIATISCHER EIERKUCHEN – SCHNELL GEMACHT

Chinesisches Schaumomelett mit Huhn und Lauch

Zubereitungszeit: 15 Minuten ~ Nährwerte: 379 kcal (1584 kJ) ~ Fett 19 g

Im Blitztempo werden Hähnchenstreifen und Gemüse in der Pfanne sautiert. Die Eier werden getrennt und die Eiweiße steif geschlagen unter die Eigelbe gemischt – so bekommen Sie ein besonders locker-leichtes Schaumomelett.

2 Eier
2 EL kohlensäurehaltiges
Mineralwasser
½ EL Mehl
Salz
Pfeffer aus der Mühle
1 Hähnchenbrustfilet
1 EL dunkle Sojasauce
1 kleine Stange Lauch
1 Stück Ingwer (2 cm)
1 TL Sesam- oder anderes Öl
süß-scharfe Chilisauce
zum Servieren

Die Eier trennen. Die Eigelbe mit Mineralwasser verquirlen, das Mehl unterrühren, mit Salz und Pfeffer würzen. Die Eiweiße steif schlagen und unter die Eigelbmasse heben.

Das Hähnchenbrustfilet waschen, trocken tupfen, in Streifen schneiden und mit Sojasauce beträufeln. Den Lauch putzen, waschen und in sehr feine Streifen schneiden. Den Ingwer schälen und reiben.

Das Öl in einer Pfanne erhitzen. Die marinierten Filetstreifen darin 3 Minuten anbraten. Ingwer und Lauch hinzufügen und knapp gar dünsten. Mit Salz und Pfeffer würzen. Die Eimasse über die Huhn-Gemüse-Mischung geben, bei schwacher Hitze stocken lassen und zusammenklappen.

Dazu passt süß-scharfe Chilisauce.

VARIANTEN – NOCH MEHR SCHAUMIGE OMELETTS

Tomaten-Schafskäse-Schaum-omelett

2 Eier trennen. Die Eigelbe mit Mineralwasser verquirlen, ½ EL Mehl unterrühren und mit Salz, Pfeffer und edelsüßem Paprikapulver würzen. 50 g zerkrümelten Schafskäse in die Eigelbmasse geben. Die Eiweiße steif schlagen und unter die Eigelbmasse heben. Butter in einer Pfanne erhitzen und die Eimasse hineingeben. Mit Tomatenwürfeln bestreuen und bei schwacher Hitze stocken lassen. Omelett mit gehacktem Basilikum oder Petersilie garnieren und in Viertel teilen.

Nährwerte: 298 kcal (1246 kJ) ~ Fett 23 g

Chorizo-Käse-Schaumomelett

2 Eier trennen. Eigelbe mit Mineralwasser verquirlen, ½ EL Mehl unterrühren und mit Salz, Pfeffer und edelsüßem Paprika würzen. Die Eiweiße steif schlagen und unter die Eigelbmasse heben. 1 kleine gehackte Zwiebel in Öl andünsten. 40 g Chorizo in Scheiben in kleine Stücke reißen und zugeben. Eimasse über die Zwiebel-Chorizo-Mischung geben und auf einer Hälfte mit 30 g geriebenem Käse belegen. Bei schwacher Hitze stocken lassen und zusammenklappen.

Nährwerte: 472 kcal (1973 kJ) ~ Fett 39 g

Spinat-Pilz-Schaumomelett

80 g tiefgekühlten Spinat auftauen lassen oder frischen Spinat verlesen, waschen und trocken schütteln. 2 Eier trennen. Eigelbe mit Mineralwasser verquirlen, ½ EL Mehl unterrühren und mit Salz und Pfeffer würzen. Die Eiweiße steif schlagen und unter die Eigelbmasse heben. 50 g in dünne Scheiben geschnittene Champignons in Öl anbraten, mit Salz und Pfeffer würzen und aus der Pfanne nehmen. Butter erhitzen und den Spinat in die Pfanne geben. Eigelbmasse darübergießen und bei schwacher Hitze stocken lassen. Pilze auf eine Hälfte geben und das Omelett zusammenklappen.

Nährwerte: 228 kcal (951 kJ) ~ Fett 17 g

Besonders an kühlen und grauen Herbsttagen sehnt man sich nach behaglicher Wärme und denkt an den sonnigen Süden. Wenn das Fernweh Sie gepackt hat, zögern Sie nicht und trösten Sie sich mit mediterranen Leckerbissen aus den Küchen Spaniens, Italiens oder Griechenlands. Der Duft von frischen Kräutern, Knoblauch, Olivenöl und Tomate sorgt garantiert für gute Laune. Und wenn Sie gerade aus Asien zurück sind, bringen Sie Ihre kulinarischen Urlaubserinnerungen in Form von scharfen Thai-Currys auf den Tisch. Die Fernwehküche hält einige Notfallrezepte bereit, wie Sie schnell und unkompliziert dem Alltag entfliehen können – zumindest für einige Stunden …

Fernweh-küche für Solo-Esser

DER URLAUB WAR SO SCHÖN …

DER SONNE GANZ NAH

Zitrusfrüchte mit Scampi

Zubereitungszeit: 30 Minuten ~ Nährwerte: 476 kcal (1990 kJ) ~ Fett 31 g

Es ist Winter und draußen ist es kalt und dunkel. Zeit, um jetzt ein wenig Sonne zu tanken. Zaubern Sie einen echten Refresher mit farbenfrohen Zitrusfruchtscheiben, und der Winterblues ist wie weggeblasen.

1 Stück Ingwer (2 cm)
½ TL Currypulver
3 EL Olivenöl
3 Scampi ohne Schale (alternativ Garnelen)
1 Orange
1 Clementine
1 kleine Grapefruit
1 Salatherz
1 kleine rote Chilischote
Zucker
grobes Meersalz
Pfeffer aus der Mühle
einige Korianderblättchen (nach Belieben)

Den Ingwer schälen und fein reiben. Mit dem Currypulver und 1 EL Olivenöl verrühren. Scampi 10 Minuten in der Marinade ziehen lassen.

In der Zwischenzeit mit einem scharfen Messer die Schale von Orange, Clementine und einer halben Grapefruit von oben nach unten so abschneiden, dass die weiße Haut mit der Schale zusammen entfernt wird. Orange, Clementine und Grapefuit in Schnitze schneiden. Das Salatherz waschen, trocken schütteln. Salatstreifen und Zitrusscheiben auf einem Teller anrichten.

Die Chilischote waschen, putzen und fein hacken und in 1 EL Olivenöl andünsten. Scampi zugeben und 2–3 Minuten rundherum anbraten. Von der zweiten Grapefruit-Hälfte den Saft auspressen und die Scampi damit ablöschen. Mit etwas Zucker abschmecken.

Salatstreifen und Früchte mit restlichem Olivenöl beträufeln und mit Salz und Pfeffer würzen. Scampi mit der Bratflüssigkeit auf dem Salat anrichten. Nach Belieben Korianderblättchen darüberstreuen.

Und morgen?
Salatherzen werden häufig im 2er- oder 3er-Beutel angeboten. Den Rest für pfannengerührte Rindfleischstreifen (Rezept S. 29), Salat mit gebratenem Ingwer-Zitronen-Lachs (Rezept S. 63) oder Tortilla-Wraps (Rezept S. 75) verwenden.

AROMATISCHES PÄCKCHEN AUS SÜDFRANKREICH

Provenzalisches Bauernhühnchen

Zubereitungszeit: 20 Minuten ~ Garzeit: 1 Stunde ~ Nährwerte: 458 kcal (1914 kJ) ~ Fett 15 g

Thymianduftend und knoblauchgewürzt – das ist die ländlich-deftige Küche der Provence. Wickeln Sie sonnengereiftes Gemüse, frische Kräuter und zartes Huhn in Papier ein, sodass die Aromen im eingeschlossenen Saft und Dampf miteinander verschmelzen können. Öffnen Sie das Päckchen erst bei Tisch, es verströmt einen wunderbaren Duft.

1 mittelgroße Kartoffel
½ rote Paprikaschote
1 kleiner Zucchino (100 g)
5 Kirschtomaten
1 Knoblauchzehe
¼ Huhn (Brust- oder Schenkelteil)
Salz
Pfeffer aus der Mühle
1 EL Olivenöl
3 Thymianzweige
Backpapier

Den Backofen auf 180 °C vorheizen.

Die Kartoffel schälen, waschen und in dünne Scheiben schneiden. Das Gemüse waschen und putzen. Die Paprikaschote in Streifen schneiden, den Zucchino in Scheiben. Die Kirschtomaten waschen und halbieren. Den Knoblauch schälen und fein hacken.

Das Huhn waschen, trocken tupfen, mit Salz, Pfeffer und etwas Olivenöl einreiben. Thymianzweige waschen und trocken schütteln.

Einen großen Bogen Backpapier in der Mitte mit Olivenöl einpinseln. Kartoffelscheiben und Gemüse mittig platzieren und mit Salz und Pfeffer würzen. Das Huhn auf das Gemüse setzen und den gehackten Knoblauch darauf verteilen. Die Thymianzweige auf das Huhn legen. Die untere Papierseite über die obere Seite schlagen und die seitlichen Enden zusammendrehen.

Das Huhn im Päckchen im Backofen auf der mittleren Schiene 1 Stunde garen und am Tisch öffnen.

EXOTISCHES AUS DEM LAND DER GEWÜRZE

Tandoori-Lamm mit Joghurt, Minze und Naan

Zubereitungszeit: 20 Minuten ~ Marinierzeit: 20 Minuten ~ Nährwerte: 862 kcal (3603 kJ) ~ Fett 34 g

Lammfilet passt ganz wunderbar zur indischen Gewürzvielfalt: Koriander, Kreuzkümmel, Chili und Kurkuma vereinen ihre Aromen in der Tandoori-Paste und geben dem Lamm einen exotischen Kick.

200 g Lammfilet
(alternativ Hähnchenbrustfilet)
1 EL Tandoori-Paste
1 EL Zitronensaft
200 g Naturjoghurt
1 EL Rapsöl
1 Minzezweig (oder Koriander)
Salz
Pfeffer aus der Mühle
150 g Naan-Brot (Supermarkt-Brotregal oder Asia-Laden; alternativ Fladenbrot)

Das Lammfilet in große Würfel schneiden. Die Tandoori-Paste mit Zitronensaft und der Hälfte des Joghurts verrühren.

Die Fleischwürfel in eine flache Form legen und die Tandoori-Joghurt-Sauce gleichmäßig darüber verteilen. Zugedeckt etwa 20 Minuten ziehen lassen.

Den Backofen auf 180 °C vorheizen. Das Öl in einer Pfanne erhitzen. Die Fleischwürfel aus der Form nehmen und etwa 15 Minuten braten, dabei regelmäßig wenden. Minze waschen, trocken schütteln, Blättchen abzupfen, hacken und mit dem restlichen Joghurt, Salz und Pfeffer verrühren. Das Naan-Brot 5 Minuten im Backofen aufbacken. Das Lammfleisch mit dem warmen Brot und dem Joghurt-Dip genießen.

Und morgen?
Naan-Brot wird im Handel häufig als 300-g-Packung angeboten. Belegen Sie am nächsten Tag das restliche Brot mit Tandoori-Chicken oder Mango-Salsa und Koriander (Rezepte S. 72).

SCHNELL, SCHARF & SCHÖN

Rotes Thai-Curry mit Huhn

Zubereitungszeit: 20 Minuten ~ Nährwerte: 466 kcal (1949 kJ) ~ Fett 22 g

Zu den nachhaltigsten kulinarischen Erinnerungen an Thailand gehört sicherlich ein Abendessen am paradiesischen Palmenstrand. Aber auch ohne Open-Air-Küche und romantischen Sonnenuntergang können Sie aus Hähnchen, knackig-frischem Gemüse und Kokosmilch köstliches Thai-Essen zubereiten. Vorsicht mit der Currypaste – sie ist teuflisch scharf!

1 Hähnchenbrustfilet
2 Frühlingszwiebeln
1 kleine rote Paprikaschote
1 EL Sesam- oder anderes Öl
1 TL rote Currypaste
200 ml Kokosmilch
1 TL Sojasauce
Zucker
Saft von ½ Limette
einige Korianderblättchen (nach Belieben)

Das Hähnchenbrustfilet waschen, trocken tupfen und in Streifen schneiden. Die Frühlingszwiebeln waschen, putzen und schräg in fingerlange Abschnitte schneiden. Die Paprikaschote halbieren, entkernen, waschen und in Streifen schneiden.

In einer Pfanne mit hohem Rand oder im Wok das Öl erhitzen und das Fleisch mit der Currypaste anbraten. Die Kokosmilch zufügen und bei schwacher Hitze 5 Minuten köcheln lassen. Anschließend das vorbereitete Gemüse zugeben und in der Sauce bissfest garen. Mit Sojassauce, 1 Prise Zucker und Limettensaft abschmecken. Nach Belieben mit Korianderblättern bestreuen.

Dazu passen Mie-Nudeln oder Reis.

Und morgen?
Frühlingszwiebeln werden immer bundweise angeboten. Den Rest für gebackene Frühlingszwiebeln (Rezept S. 16), griechischen Blattspinat mit Schafskäse (Rezept S. 92) oder Lachssteak mit Orangen-Salsa (Rezept S. 103) verwenden.

KULINARISCHES SOUVENIR VON DER CÔTE D'AZUR

Wolfsbarsch auf südfranzösische Art

Zubereitungszeit: 10 Minuten ~ Grillzeit: 20–25 Minuten ~ Nährwerte: 616 kcal (2575 kJ) ~ Fett 28 g

Dieser Fischklassiker wird in fast allen Fischrestaurants entlang der südfranzösischen Mittelmeerküste serviert. Statt Fenchel können Sie auch Zucchini- und Tomatenscheiben in die Form legen.

1 Fenchelknolle (ca. 200 g)
2 EL Olivenöl
1 Wolfsbarsch (küchenfertig)
Salz
weißer Pfeffer aus der Mühle

Den Fenchel waschen, putzen und in dünne Scheiben schneiden. Das Fenchelgrün beiseitelegen. Die Fenchelscheiben in eine flache ofenfeste Form legen und mit 1 EL Olivenöl bestreichen.

Den Wolfsbarsch mit kaltem Wasser abspülen und trocken tupfen. Den Fisch mit etwas Olivenöl einpinseln, innen und außen salzen und pfeffern. In die Bauchhöhle das Fenchelgrün stecken.

Den Grillrost mit Öl einpinseln. Den Wolfsbarsch auf den Rost legen und unter dem eingeschalteten Backofengrill auf jeder Seite 10–12 Minuten grillen, dabei gelegentlich mit Olivenöl einpinseln. 10 Minuten vor Ende der Grillzeit den Fenchel in der Form im Backofen grillen. Den Fisch mit den gegrillten Fenchelscheiben anrichten.

Tipp
Für noch mehr Fenchelaroma den Fisch vor dem Grillen mit einem scharfen Messer auf beiden Seiten dreimal tief einschneiden und Fenchelsamen in die Einschnitte geben. Pernod erhitzen, anzünden und über den gegrillten Fisch gießen.

ZARTER FISCH IM WÜRZIGEN SUD

Heilbutt auf sizilianische Art

Zubereitungszeit: 10 Minuten ~ Garzeit: 15 Minuten ~ Kalorien: 342 kcal (1430 kJ) ~ Fett 23 g

Unter der schützenden Hülle von Zitronenscheiben gart das Filet vom Heilbutt sanft in Olivenöl, Weißwein und Rosmarin. Einfacher geht es nicht. So können Sie den köstlichen Fisch entspannt genießen und in Urlaubserinnerungen schwelgen.

150 g Heilbuttfilet
Salz
Pfeffer aus der Mühle
1 Rosmarinzweig (ersatzweise 1 TL getrocknete Rosmarinnadeln)
2 EL Olivenöl
½ unbehandelte Zitrone
2 Sardellenfilets (in Öl)
1 TL Kapern
3 EL Weißwein

Den Backofen auf 200 °C vorheizen.

Das Fischfilet unter kaltem Wasser abspülen und trocken tupfen. Mit Salz und Pfeffer würzen. Rosmarin waschen und trocken schütteln. Die Nadeln abzupfen, fein hacken und mit dem Olivenöl verrühren.

Das Filet mit der Hälfte der Ölmischung bestreichen und in eine ofenfeste Form legen.

Die Zitronenhälfte heiß waschen, in hauchdünne Scheiben schneiden und auf das Filet legen. Die Sardellen fein hacken und mit den Kapern über das Heilbuttfilet streuen. Mit dem restlichen Rosmarinöl beträufeln.

Den Fisch im Backofen 10 Minuten garen. Dann den Weißwein dazugeben und weitere 5 Minuten garen.

Dazu passt frischer Salat oder gedünsteter Blattspinat.

DER ULTIMATIVE IMBISS FÜR ALLE GRIECHENLAND-FANS

Griechischer Blattspinat mit Frühlings-zwiebeln und Schafskäse

Zubereitungszeit: 10 Minuten ~ Nährwerte: 228 kcal (953 kJ) ~ Fett 16 g

Ein echter Klassiker, der in keiner griechischen Taverne fehlen darf. Berei-ten Sie dieses Gericht zu Hause im Handumdrehen zu und denken Sie an Ihren letzten Urlaub. Backen Sie dazu Fladenbrot im Ofen auf oder belegen Sie geröstete Weißbrotscheiben mit Tomaten und Kräutern.

250 g frischer Blattspinat (ersatz-weise 200 g tiefgefrorener Spinat)
2–3 Frühlingszwiebeln
1 Knoblauchzehe
1 EL Butter oder 1 EL Olivenöl
Salz
Pfeffer aus der Mühle
50 g Schafskäse

Den Blattspinat waschen, putzen und trocken schütteln. Die Frühlings-zwiebeln waschen, putzen und in fingerlange Stücke schneiden. Den Knoblauch schälen.

Blattspinat und Frühlingszwiebeln mit der ganzen Knoblauchzehe in we-nig Wasser dünsten, bis der Spinat zusammengefallen und die Frühlings-zwiebeln knapp gar sind. Anschließend überschüssiges Wasser abgießen.

Butter oder Olivenöl erhitzen und den Blattspinat mit den Frühlingszwie-beln darin schwenken. Mit Salz und Pfeffer abschmecken. Den Schafkäse über den Spinat bröckeln.

Und morgen?
Frühlingszwiebeln werden immer bundweise angeboten. Den Rest für rotes Thai-Curry mit Huhn (Rezept S. 87), gebackene Frühlingszwiebeln (Rezept S. 16) oder Lachssteak mit Orangen-Salsa verwenden (Rezept S. 103).

Endlich Wochenende! Sie haben eine anstrengende Woche hinter sich und keine Lust auf Verabredungen. Sie wollen einfach nur entspannen. Am liebsten mit einem leckeren Essen und einem Glas Wein. Schlendern Sie also in aller Ruhe über den Markt und kaufen Sie frischen Fisch oder ein gutes Stück Fleisch beim Händler Ihres Vertrauens. Oder bereiten Sie Pasta auf höchstem Niveau zu – zum Beispiel mit edler Steinpilz-butter und feinstem Parmaschinken. Setzen Sie auf Qualität und nehmen Sie sich Zeit zum Genießen. Die Gourmet-Küche verrät Ihnen, wie Sie unkomplizierte und köstliche Gerichte zubereiten können, ohne in Stress zu geraten.

Gourmet- küche für

HEUTE LASS ICH ES MIR RICHTIG GUT GEHEN ...

eine Person

RAFFINIERTER GAUMENKITZLER

Gambas mit Birnen-Chili-Chutney

Zubereitungszeit: 10 Minuten ~ Nährwerte: 333 kcal (1392 kJ) ~ Fett 21 g

Ein Fest für die Sinne: Augen, Nase und Gaumen kommen bei dieser
Kombination aus würzig, scharf und säuerlich voll auf ihre Kosten.

1 Birne
1 Schalotte
1 kleine rote Chilischote
1 EL Rapsöl
2 Gewürznelken
Saft von 1 Zitrone
3 EL Weißweinessig
1 TL Honig
6 Gambas (Riesengarnelen; frisch
oder tiefgefroren und aufgetaut)
Salz
Pfeffer aus der Mühle
1 EL Olivenöl

Für das Chutney die Birne schälen, entkernen und in kleine Stücke
schneiden. Die Schalotte schälen. Die Chilischote waschen, putzen und
entkernen. Schalotte und Chilischote fein hacken und in Öl glasig dünsten. Die Birnenstückchen und die Nelken hinzufügen. Nach 2 Minuten
mit der Hälfte des Zitronensaftes und dem Weißweinessig ablöschen. Mit
Honig abschmecken und abkühlen lassen.

Die Gambas mit dem restlichen Zitronensaft beträufeln und mit Salz und
Pfeffer würzen. Das Olivenöl in einer Pfanne erhitzen und die Gambas
etwa 2 Minuten darin braten.

Dazu passt ofenwarmes Baguette.

Tipp
Die doppelte Menge Chutney herstellen. Im Schraubglas hält es sich
3 bis 4 Wochen im Kühlschrank. Das würzige Chutney passt auch zu
kräftigem Bergkäse oder zu gebratenem Geflügel.

Und morgen?
Eventuell übrig gebliebene tiefgefrorene Gambas für Erbsensüppchen
mit Garnelen-Spieß (Rezept S. 125) verwenden.

PASTA DE LUXE, GANZ EINFACH GEMACHT

Nudeln mit Steinpilzbutter, Rucola, Schinken und Parmesan

Zubereitungszeit: 15 Minuten ~ Nährwerte: 694 kcal (2901 kJ) ~ Fett 33 g

Ein edles Pasta-Gericht, das Feinschmecker erfreuen dürfte. Probieren Sie statt Rucola auch mal grünen Spargel oder gedünstete oder frittierte Bärlauchblätter. Frittiert schmecken sie leicht nussig und nicht mehr so intensiv nach Knoblauch.

100 g Pappardelle
(breite Bandnudeln)
Salz
einige Rucolablätter
30 g Parmesan (am Stück)
10 g getrocknete Steinpilze
3 EL Butter
2 EL Olivenöl
2 Scheiben luftgetrockneter Schinken

Pappardelle in reichlich kochendem Salzwasser bissfest garen.

In der Zwischenzeit den Rucola waschen und trocken schleudern. Den Parmesan mit dem Sparschäler in Späne hobeln. Die Steinpilze im Mixer fein mahlen.

Die Butter kurz aufschäumen, danach die Hitze reduzieren. Olivenöl und Steinpilzpulver zugeben.

Die Steinpilzbutter über die Nudeln geben und mit dem Schinken, den Rucolablättern und den Parmesanhobeln anrichten.

Tipp
Rucola wird häufig in 125-g-Schalen angeboten. Restlichen Rucola zu Pesto verarbeiten (Rezept S. 41; klassisches Pesto mit Basilikum und Pinienkernen; statt Basilikum Rucola nehmen). Passt gut zu Pasta oder zu geröstetem Weißbrot.

SÜNDHAFT GUTES IM ITALIENISCHEN GEWAND

Frische Feigen mit Parmaschinken und Ricotta

Zubereitungszeit: 15 Minuten ~ Nährwerte: 172 kcal (719 kJ) ~ Fett 4 g

Feigen haben ein intensives Eigenaroma, sodass sie schon mit wenigen Zutaten zur Delikatesse werden. Besonders verlockend ist die Kombination aus süß und deftig – mit Parmaschinken zum Beispiel gehen die Früchte eine köstliche Verbindung ein.

2 Feigen
1 Scheibe Parmaschinken
40 g Ricotta
1 EL brauner Zucker
1 EL Honig

Die Feigen an der Spitze kreuzweise aufschneiden und leicht aufdrücken. Den Parmaschinken längs halbieren und die Feigen damit umwickeln. Den Ricotta löffelweise in die geöffneten Feigen geben und mit braunem Zucker bestreuen.

Die Feigen auf ein Backblech setzen und unter dem heißen Backofengrill grillen, bis die Feigen warm sind und der Käse braun wird.

Die Feigen mit dem Honig beträufeln und sofort genießen.

Und morgen?
Ricotta wird häufig in einer 250-g-Packung angeboten. Den Rest für Pappardelle mit Pfifferlingen und Bacon-Chips (Rezept S. 34) oder für Ricotta-Basilikum-Crostini verwenden (Rezept S. 20).

KULINARISCHES FEINSCHMECKER-PÄCKCHEN

Stubenküken mit Salbei und Parmaschinken

Zubereitungszeit: 15 Minuten ~ Garzeit: 50 Minuten ~ Nährwerte: 375 kcal (1567 kJ) ~ Fett 11 g

Geschnürt zu einem Paket wird das Stubenküken mit Kräutern, Gewürzen und Parmaschinken im eigenen Saft und Dampf gegart. Während Sie in aller Ruhe Ihren Aperitif genießen, kann die „Komposition" unbeaufsichtigt in der Hülle ihr volles Aroma entfalten.

2 Stubenküken
Salz
Pfeffer aus der Mühle
2 Salbeiblätter
1 Lorbeerblatt
Hälfte Knoblauchzehe
große Scheiben Parmaschinken
2 mittelgroße Kartoffeln
etwas Olivenöl
Fett
Küchengarn oder Holzstäbchen
Backpapier

Stubenküken waschen, trocken tupfen, halbieren und mit Salz und Pfeffer einreiben. Jeweils ein Salbeiblatt auf die Innen- und Außenseite legen, Lorbeerblatt und ungeschälte Knoblauchzehe jeweils auf die Innenseite legen. Beide Hälften mit Parmaschinken umwickeln und mit Küchengarn oder Holzstäbchen fixieren.

Kartoffeln schälen, waschen und in Scheiben schneiden.

Die Stubenkükenhälften und die Kartoffeln auf ein ausreichend großes, mit Olivenöl gefettetes Stück Backpapier setzen. Die untere Seite über die obere Seite schlagen und die seitlichen Enden zusammendrehen. Stubenküken im Backofen auf der mittleren Schiene 50 Minuten garen.

Tipp
Statt Stubenküken kann man auch ein halbes Hähnchen nehmen.

ENTSPANNTES GUTE-LAUNE-ESSEN

Lachssteak mit Orangen-Salsa

Zubereitungszeit: 25 Minuten ~ Nährwerte: 373 kcal (1559 kJ) ~ Fett 27 g

Die pikante orangefarbene Salsa ist ein schöner Farbtupfer und gibt dem Fisch einen Aromakick. Ein Gericht, das nicht nur im Sommer gut ankommt, sondern auch im Winter fröhlich stimmt.

1 Orange
1 kleine rote Chilischote
1 Frühlingszwiebel
1 Knoblauchzehe
1 Stück Ingwer (2 cm)
2 TL Olivenöl
1 Prise Kreuzkümmel
1 Lachssteak
Salz
weißer Pfeffer aus der Mühle
einige Korianderblättchen
(nach Belieben)

Für die Salsa die Orange dick schälen, dabei die weiße Haut vollständig entfernen. Die Orangenfilets mit einem scharfen Messer herausschneiden. Die Chilischote waschen, putzen und fein hacken. Die Frühlingszwiebel waschen, putzen und schräg in Röllchen schneiden. Die Zutaten mischen. Den Knoblauch und den Ingwer schälen. Beides fein hacken. 1 TL Olivenöl erhitzen, Knoblauch, Ingwer und Kreuzkümmel darin anbraten. Den Inhalt der Pfanne zur Orangenmischung geben.

Das Lachssteak unter fließend kaltem Wasser abspülen und trocken tupfen. Das restliche Olivenöl in einer Pfanne erhitzen und das Steak auf beiden Seiten ca. 2 Minuten braten. Mit Salz und Pfeffer würzen. Mit der Orangen-Salsa und nach Belieben einigen Korianderblättchen anrichten.

Dazu passt grüner Salat.

Und morgen?
Frühlingszwiebeln werden im Handel bundweise angeboten. Den Rest für gebackene Frühlingszwiebeln (Rezept S. 16), griechischen Blattspinat mit Schafkäse (Rezept S. 92) oder für rotes Thai-Curry mit Huhn verwenden (Rezept S. 87).

EDELROULADE MIT HERZHAFTER FÜLLUNG

Involtini vom Seeteufel mit Datteln und Bacon

Zubereitungszeit: 25 Minuten ~ Nährwerte: 323 kcal (1350 kJ) ~ Fett 21 g

Wer den feinen Fisch mit der würzig-süßen Dattel-Bacon-Füllung probiert, wird begeistert sein. Wenn Sie das Gericht das nächste Mal machen, legen Sie die Fischrolle auf ein Bett aus dünnen Lauch- und Möhrenstreifen. Hierfür das Gemüse einfach kurz in Butter schwenken und mit einem Schuss Weißwein, Sahne, Salz und Pfeffer abschmecken.

1 Seeteufelfilet (150 g)
Salz
Pfeffer aus der Mühle
1 TL Zitronensaft
1 Schalotte
2 Datteln
1 EL Olivenöl
2 Thymianzweige
1 Scheibe Bacon (Frühstücksspeck)
1 Knoblauchzehe
Und:
Holzstäbchen

Das Seeteufelfilet waschen, trocken tupfen und mit Salz und Pfeffer würzen. Mit dem Zitronensaft beträufeln.

Die Schalotte schälen und die Datteln entsteinen. Beides fein würfeln. Die Schalottenwürfel in etwas Olivenöl glasig dünsten, die Datteln zugeben. Thymian waschen und trocken schütteln. Die Blättchen von 1 Thymianzweig abzupfen und hinzufügen. Mit Salz und Pfeffer würzen.

Schalotten-Dattel-Masse auf das Filet streichen. Filet zu einer Roulade aufrollen und mit 1 Scheibe Bacon umwickeln. Die Roulade mit Holzstäbchen fixieren.

Die Seeteufelroulade mit der ungeschälten Knoblauchzehe und dem übrigen Thymianzweig ca. 10 Minuten bei mittlerer Hitze im restlichen Olivenöl rundherum braten.

Und morgen?

Angebrochene Packungen mit Datteln und Bacon für den spanischen Tapas-Klassiker Datteln im Speckmantel verwenden (Rezept S. 28).

EINMAL PROBIERT, FÜR IMMER VERFÜHRT

Lammkoteletts mit gegrilltem Ziegenkäse und Blattspinat

Zubereitungszeit: 25 Minuten ~ Marinierzeit: 15 Minuten ~ Nährwerte: 617 kcal (2580 kJ) ~ Fett 36 g

Gegrillt sind die marinierten Koteletts vom Lamm ein wahrer Genuss. Mit Ziegenkäse gratiniert eine kulinarische Sensation. Die Leckerbissen lassen sich ohne großen Zeitaufwand stressfrei im Ofen zubereiten.

250 g frischer Blattspinat
(ersatzweise 200 g tiefgefrorener
Blattspinat)
1 Knoblauchzehe
1 EL Zitronensaft
1 TL Olivenöl
Salz
Pfeffer aus der Mühle
1 TL getrockneter Oregano
4 Lammkoteletts
30 g Ziegenkäse
1 TL Butter

Den Spinat gründlich waschen und putzen. Den Knoblauch schälen. Den Backofengrill vorheizen.

Für die Lammkoteletts eine Marinade aus Zitronensaft, Olivenöl, Salz, Pfeffer und Oregano herstellen. Koteletts 15 Minuten in der Marinade ziehen lassen. Dann das Fleisch unter dem Backofengrill auf jeder Seite 2 Minuten grillen. Die Koteletts mit Ziegenkäse belegen und weitere 3 Minuten grillen.

Inzwischen den Blattspinat mit der ganzen Knoblauchzehe in wenig Wasser dünsten, bis der Spinat zusammengefallen ist. Anschließend überschüssiges Wasser abgießen.

Butter schmelzen und den Spinat darin schwenken. Mit Salz und Pfeffer abschmecken und mit den Lammkoteletts anrichten.

KLEINER AUFWAND – GROSSER GESCHMACK

Honig-Entenbrust
mit Mango-Chili-Kompott

Zubereitungszeit: 25 Minuten ~ Nährwerte: 574 kcal (2286 kJ) ~ Fett 35 g

**Chili – ein Gewürz mit Schärfekick. Mango – eine Frucht mit Charakter-
süße. Eine wunderbare Kombination. Die exotischen Zutaten machen aus
dem Entenbrustfilet ein Festessen der Superlative.**

1 Entenbrustfilet (ca. 150 g)
Salz
Pfeffer aus der Mühle
1 EL Honig
½ Mango
1 kleine rote Chilischote
Saft von 1 Limette
1 EL süße Chilisauce

Den Backofen auf 160 °C vorheizen. Entenbrust waschen und trocken
tupfen. Die Haut kreuzweise einritzen. Die Brust auf beiden Seiten mit
Salz und Pfeffer würzen. Zuerst auf der Hautseite ohne Öl kross anbraten. Nach 3–4 Minuten wenden und auf der anderen Seite 3 Minuten
braten. Entenbrust mit etwas Honig bestreichen und im Backofen in
10 Minuten zu Ende garen.

In der Zwischenzeit die halbe Mango schälen und in kleine Stücke schneiden. Die Chilischote waschen, putzen und fein hacken. Mangostücke und
Chili mit dem restlichen Honig, Limettensaft und Chilisauce in einen
kleinen Topf geben, kurz köcheln lassen und mit Salz abschmecken.

Die Entenbrust schräg in Scheiben aufschneiden und mit dem Mango-
Chili-Kompott anrichten. Dazu passt asiatischer Duftreis.

Tipp
Die restliche Mango noch heute aufessen oder am nächsten Tag für
Mango-Avocado-Salat (Rezept S. 64), Mango-Salsa (Rezept S. 72) oder
einfach für Obstsalat nehmen oder mit Naturjoghurt oder Müsli essen.
Probieren Sie statt Mango Ananas. In gut sortierten Supermärkten gibt
es feine, kleine Baby-Ananas.

Das Mittagstief hat Sie voll im Griff und Sie kämpfen gegen Konzentrationsprobleme. Auf farbloses Kantinenessen und alltäglichen Imbisstrott können Sie jetzt nicht setzen. Wenn die Kraftreserven erschöpft sind, ist es höchste Zeit, wieder aufzutanken. Entspannen Sie ein wenig und essen Sie etwas Erfreuliches. Bereiten Sie am Abend zuvor einen köstlichen Imbiss fürs Büro vor und bringen Sie ihn in einer praktischen Lunch-Box zur Arbeit. Das ist nicht nur kostengünstiger, sondern auch deutlich abwechslungsreicher. Ob gesunder Salat oder leichter Eintopf: Die Lunch-Ideen fürs Büro sind eine echte Alternative zur Kantine – einfach einpacken, mitnehmen und genießen.

Lunch-Ideen

TASCHENMAHLZEIT FÜR KOPFARBEITER

fürs Büro

FERIENSTIMMUNG AM ARBEITSPLATZ

Mediterraner Kartoffelsalat

Zubereitungszeit: 30 Minuten ~ Nährwerte: 365 kcal (1525 kJ) ~ Fett 29,7 g

Wenn die Ferien die schönste Zeit des Jahres sind, dann ist die schönste Stunde des Tages sicher die Mittagspause, allenfalls noch übertroffen vom Feierabend. Nutzen Sie die Zeit für diesen aromatischen Salat mit südeuropäischem Aroma.

200 g kleine Kartoffeln
1 rote Zwiebel
1 kleine rote Chilischote
3 EL Olivenöl
100 ml Gemüsebrühe
2 EL Weißweinessig
Salz
Pfeffer aus der Mühle
Zucker
10 grüne oder schwarze entsteinte Oliven
½ Bund Basilikum

Die Kartoffeln waschen und in kochendem Salzwasser garen.

In der Zwischenzeit die Zwiebel schälen und fein würfeln. Die Chilischote waschen, putzen und fein hacken. Zwiebel und Chili in 1 EL Olivenöl dünsten, Gemüsebrühe und Weißweinessig zugeben und kurz aufkochen. In einer Schüssel mit dem restlichen Olivenöl aufschlagen, kräftig mit Salz, Pfeffer und 1 Prise Zucker würzen.

Kartoffeln abschrecken, pellen, halbieren und den heißen Sud darüber gießen. Mit den Oliven vorsichtig mischen. In eine Lunch-Box füllen und kühl stellen.

Den Basilikum extra in einem Plastikbeutel mitnehmen. Vor dem Essen waschen, trocken schütteln, grob zerzupfen und unter den Salat mischen.

Tipp
Die doppelte Menge Kartoffeln kochen und die zweite Hälfte morgen für Zucchini-Kartoffel-Tortilla verwerten. (Rezept S. 118). Sie ist ein idealer Snack und schmeckt auch kalt.

SCHNELLE KÖSTLICHKEIT FÜRS BÜRO

Couscous-Salat

Zubereitungszeit: 20 Minuten ~ Nährwerte: 460 kcal (1922 kJ) ~ Fett 23 g

Ein sättigender Salat für die Mittagspause. Mit Paprikawürfeln und aromatischem Joghurt-Dressing erhält der Couscous eine erfrischende Note.

90 ml Gemüsebrühe
70 g Couscous (Instant)
10 g Pinienkerne
1 Zwiebel
1 Knoblauchzehe
1 EL Olivenöl
10 g Rosinen
½ TL Currypulver
½ TL Kreuzkümmel
1 kleine rote Paprikaschote
2 EL Zitronensaft
125 g Naturjoghurt
Salz
1 Prise gemahlener Piment
1 Prise gemahlener Koriander
etwas gehackte Petersilie
(nach Belieben)

Die Gemüsebrühe zum Kochen bringen und über den Couscous geben. 5 Minuten quellen lassen. Pinienkerne ohne Fett in einer Pfanne rösten. Zwiebel und Knoblauch schälen, fein hacken und in Olivenöl glasig dünsten. Couscous mit einer Gabel auflockern und mit Zwiebeln, Knoblauch, Pinienkernen und Rosinen mischen. Mit Currypulver und Kreuzkümmel abschmecken.

Paprikaschote putzen, waschen und würfeln und zur Couscous-Mischung geben, mit Zitronensaft abschmecken, in eine Lunch-Box füllen und kühl stellen

Joghurt mit Salz, Piment und Koriander verrühren, in ein Schraubglas füllen und ebenfalls kühl stellen.

Am Arbeitsplatz den Joghurt über den Couscous-Salat geben. Nach Belieben etwas gehackte Petersilie darüberstreuen.

Und morgen?
Die doppelte Menge Couscous vorbereiten und die zweite Hälfte als Füllung für geröstete Paprikaschoten verwenden (Rezept S. 55). Auch lecker: Coucous mit gebratenen Hähnchenbrust-, Zucchini- und Auberginenstreifen. Dazu einen Klecks Naturjoghurt.

AROMATISCHES FÜR DIE MITTAGSPAUSE

Peperonata-Gemüse

Zubereitungszeit: 30 Minuten ~ Nährwerte: 241 kcal (1007 kJ) ~ Fett 21 g

Das einfache Schmorgemüse aus der italienischen Küche besteht aus Paprikaschoten, Tomaten und Zwiebeln. Der leichte Mittags-Snack wird hier außerdem von geschmorten Zucchini begleitet und kann warm oder kalt gegessen werden.

1 kleine Zwiebel
1 kleine Knoblauchzehe
1 kleine rote Paprikaschote
1 kleiner Zucchino
2 Tomaten
1 Rosmarinzweig
2 Thymianzweige
2 EL Olivenöl
2 EL Balsamico-Essig
1 TL Honig
Salz
Pfeffer aus der Mühle
Zucker

Zwiebel und Knoblauch schälen und hacken. Die Paprikaschote waschen, putzen, vierteln und in 2 cm große Stücke schneiden. Den Zucchino und die Tomaten waschen. Zucchino in 1 cm dicke Scheiben schneiden, Tomaten vom Stielansatz befreien und in Achtel schneiden. Rosmarin und Thymian waschen, trocken schütteln und die Nadeln bzw. Blättchen abzupfen.

Das Olivenöl erhitzen, Zwiebeln und Knoblauch andünsten, Paprikastücke, Zucchinischeiben und Tomatenachtel hinzufügen und unter Rühren dünsten. Rosmarinnadeln und Thymianblättchen zugeben. Mit Balsamico-Essig ablöschen und zugedeckt 15 Minuten schmoren. Mit Honig, Salz, Pfeffer und etwas Zucker abschmecken. Das Gemüse abkühlen lassen, in eine Lunch-Box füllen und kühl stellen. Schmeckt kalt oder warm.

Tipp
Mit frischem Baguette- oder Ciabatta-Brötchen essen. Peperonata passt auch warm zu Polenta (Rezept S. 134) oder kalt zu kaltem Braten oder Geflügel.

VIELSCHICHTIG UND LECKER

Kartoffel-Zucchini-Tortilla

Zubereitungszeit: 20 Minuten ~ Backzeit: 20 Minuten ~ Nährwerte: 458 kcal (1914 kJ) ~ Fett 16 g

Die Tortilla española ist sicherlich jedem Spanienreisenden bekannt. Was nicht alle wissen: Das berühmte Kartoffel-Omelett kann auch mit Zucchini zubereitet werden und schmeckt sehr gut kalt.

200 g gekochte Kartoffeln (vom Vortag)	Den Backofen auf 180 °C vorheizen.
1 kleiner Zucchino	Kartoffeln pellen, Zucchino waschen und putzen. Beides in Scheiben
1 Zwiebel	schneiden. Zwiebel schälen und fein würfeln. In einer ofenfesten Pfanne
1 EL Olivenöl	die Kartoffeln in Olivenöl anbraten und mit Salz und Pfeffer würzen.
Salz	Zucchino und Zwiebel hinzufügen. Alles zusammen anbraten.
Pfeffer aus der Mühle	
2 Eier	Die Eier mit Milch, Salz und Pfeffer verquirlen und darübergießen. Die
4 EL Milch	Tortilla im Backofen auf der mittleren Schiene 20 Minuten garen. Anschließend abkühlen lassen und in Stücke teilen. Stücke in eine Lunch-Box legen und kühl stellen.

Tipp
Die doppelte Menge Kartoffeln kochen und aus der zweiten Hälfte mediterranen Kartoffelsalat zubereiten (Rezept S. 113).

SATTMACHER FÜR SELBSTVERPFLEGER

Rote-Linsen-Eintopf

Zubereitungszeit: 20 Minuten ~ Nährwerte: 671 kcal (2805 kJ) ~ Fett 33 g

Die beliebten Hülsenfrüchte in Kombination mit pikanter Wurst – orientalisch abgeschmeckt mit Kreuzkümmel und Kurkuma. Rote Linsen sind extraschnell zubereitet bei einer Kochzeit von nur 10 Minuten.

1 Bund Suppengrün
1 kleine Zwiebel
1 EL Rapsöl
100 g rote Linsen
300 ml Rindfleischbrühe
1 Msp. Kreuzkümmel
1 Msp. Kardamom
1 Spritzer Zitronensaft
100 g Kabanossi
(oder würzige Salami)
2 TL Balsamico-Essig
Salz
Pfeffer aus der Mühle
½ Bund Petersilie

Das Suppengrün waschen, putzen und klein schneiden. Die Zwiebel schälen und fein würfeln.

Das Öl in einem Topf erhitzen und die Zwiebel darin glasig dünsten. Suppengrün und Linsen zugeben und mit der Rindfleischbrühe auffüllen. Kreuzkümmel, Kardamom und Zitronensaft hinzufügen und alles 10–15 Minuten bei schwacher Hitze köcheln lassen.

Kabanossi in Scheiben schneiden und in der Suppe erwärmen. Mit Balsamico-Essig, Salz und Pfeffer abschmecken. Eintopf abkühlen lassen und in eine Box mit gut schließendem Deckel füllen. Petersilie waschen, trocken schütteln, klein schneiden und darauf verteilen. Eintopf kühl stellen und am Arbeitsplatz erwärmen.

Tipp
Restliche rote Linsen für Pangasius-Filet auf roten Sahne-Linsen verwenden (Rezept S. 26).

Entspannte Gastgeber sind äußerst selten. Und sicherlich haben auch Sie schon mal einen ganzen Tag in der Küche verbracht, um Ihren Gästen nach stundenlangen, anstrengenden Vorbereitungen ein aufwendiges Menü zu servieren. Doch toll kochen für Gäste geht auch ohne Stress: Verpacken Sie ein Feigenhuhn mit seinen aromatischen Begleitern in Papier und überlassen Sie es dem Backofen. Und für all diejenigen, die spontan von Freunden zum Essen überfallen werden, besteht kein Grund zur Panik: Sie werden sehen, wie Sie mit wenigen Zutaten aus dem Vorrat ein richtig gutes Essen für vier Hungrige zubereiten können.

Kochen für 4+

WENIGER STRESS – MEHR ZEIT ZUM GENIESSEN

EINE KÖSTLICHE LIAISON

Ziegenkäse mit Paprika-Vanille-Konfitüre

Zubereitungszeit: 15 Minuten ~ Marinierzeit: 1 Stunde ~ Nährwerte pro Portion: 209 kcal (874 kJ) ~ Fett 7 g

Ob als Appetizer oder Sattmacher: Das Duo aus cremigem Käse und fruchtig-pikanter Konfitüre sorgt für ein ausgefallenes Geschmackserlebnis und kann prima vorbereitet werden.

FÜR 4 PORTIONEN

je eine kleine rote und
gelbe Paprikaschote
100 g Zucker
1 Vanilleschote
1 kleine rote Chilischote
1 Zimtstange
Saft von 2 Zitronen
4 kleine, feste Ziegenfrischkäse

Paprikaschoten waschen, halbieren, putzen, klein würfeln und mit dem Zucker mischen. Vanilleschote längs aufschneiden und dazugeben. Chilischote waschen, trocken tupfen, halbieren und entkernen. Chilihälften mit der Zimtstange und dem Zitronensaft zu den Paprikawürfeln geben. Zugedeckt 1 Stunde ziehen lassen.

Paprikamischung zum Kochen bringen. Bei schwacher Hitze unter gelegentlichem Rühren so lange köcheln lassen, bis die Paprika weich sind. Anschließend Chilischote, Zimt- und Vanillestange herausnehmen. Das Vanillemark in die Konfitüre schaben und unterrühren. In einer Schüssel abkühlen lassen. Die Konfitüre mit dem Käse anrichten.

Tipp
Die Konfitüre hält sich in Gläsern mit Schraubverschluss im Kühlschrank 2 bis 3 Monate.

EIN ECHTER HINGUCKER

Erbsensüppchen mit Garnelenspieß

Zubereitungszeit: 30 Minuten ~ Nährwerte pro Portion: 222 kcal (926 kJ) ~ Fett 16 g

Servieren Sie das grüne Süppchen portionsweise in Gläsern. Gekrönt mit dem rosa Spieß macht es ganz schön was her. Ihre Gäste werden beeindruckt sein.

FÜR 4 PORTIONEN
1 Zwiebel
2 EL Butter
300 g Erbsen (tiefgefroren)
300 ml Hühnerbrühe
1 Bund Petersilie
80 g Sahne
Salz
Pfeffer aus der Mühle
8 geschälte Riesengarnelen (frisch oder tiefgefroren und aufgetaut)
1 rote Chilischote
4 Minzezweige
2 El Olivenöl
ein Spritzer Limettensaft
Und:
4 (Holz-)Spieße

Die Zwiebel schälen, klein würfeln und in der Butter glasig dünsten. Die Erbsen hinzufügen, die Hühnerbrühe angießen. Zugedeckt aufkochen und bei schwacher Hitze ca. 15 Minuten köcheln lassen.

Die Petersilie waschen, trocken schütteln und hacken. In die Suppe geben und alles fein pürieren. Mit der Sahne verfeinern und mit Salz und Pfeffer abschmecken.

Die Riesengarnelen auf die Spieße stecken. Die Chilischote waschen, putzen und fein hacken. Die Minze waschen und trocken schütteln. Die Blätter abzupfen, einige Blätter zum Dekorieren zurücklegen. Das Olivenöl in einer Pfanne erhitzen und die Spieße ca. 3 Minuten braten. Mit Salz und Pfeffer würzen. Chili, Limettensaft und Minze über die Spieße geben.

Das Erbsensüppchen in vier Gläser füllen und den Garnelenspieß drauflegen. Mit Minzeblättchen dekorieren.

Und morgen?
Eventuell übrig gebliebene tiefgefrorene Riesengarnelen für Gambas mit Birnen-Chili-Chutney (Rezept S. 96) verwerten.

DEKORATIVE HÄPPCHEN ZUM APERITIF

Gefüllte Lachsrollen

Zubereitungszeit: jeweils 15 Minuten

Pumpernickel und Meerrettich oder Kapern und Ei – köstliche Füllungen
für Räucherlachs. Probieren Sie auch mal Ziegenfrischkäse mit frischen
Kräutern oder Limette mit grünem Salat. Lassen Sie Ihrer Fantasie freien
Lauf und wickeln Sie Ihre Gäste mit neuen Ideen ein.

Mit Pumpernickel-Meerrettich-Füllung

FÜR 6 PORTIONEN
2 Scheiben Pumpernickel
100 g Frischkäse
3 TL Sahnemeerrettich (Glas)
2 TL frisch gehackter Dill
Salz
Pfeffer aus der Mühle
6 große Scheiben Räucherlachs
6 Schnittlauchhalme
Nährwerte pro Portion: 96 kcal (402 kJ) ~ Fett 5 g

Mit Kapern-Ei-Füllung

FÜR 6 PORTIONEN
4 Eier
3 TL Kapern
6 EL fettreduzierte Mayonnaise
6 große Scheiben Räucherlachs
6 Schnittlauchhalme
Nährwerte pro Portion: 82,5 kcal (319 kJ) ~ Fett 6 g

Für die erste Variante die Pumpernickel-Scheiben zerbröseln und mit
Frischkäse und Meerrettich mischen. Mit Dill, Salz und Pfeffer abschme-
cken. Die Masse auf die Lachsscheiben geben und einrollen. Um die
Lachsrollen eine Schleife aus Schnittlauchhalmen binden.

Für die zweite Variante die Eier hart kochen, pellen und hacken. Mit den
Kapern und der Mayonnaise mischen. Die Masse auf die Lachsscheiben
geben und einrollen. Um die Lachsrollen eine Schleife aus Schnittlauchhalmen binden.

GESUCHT UND GEFUNDEN

Räucheraal-Melonen-Tatar mit Gurken-Shooter

Zubereitungszeit: 25 Minuten ~ Nährwerte: 329 kcal (1375 kJ) ~ Fett 24 g

Aal aus dem Rauchfang und süße Melone – zwei, die zusammenhalten und Appetit machen. Geben Sie dem eisgekühlten Gurken-Shooter „speed", indem Sie ihn mit Wasabi abschmecken.

FÜR 4 PORTIONEN
300 g Charentais-Melone
300 g Räucheraal-Filet (ohne Haut)
2 EL Rapsöl
Saft von ½ Zitrone
Salz
Pfeffer aus der Mühle
1 Salatgurke
100 g Naturjoghurt
3 Stängel Dill
3 Stängel Petersilie
1 TL Senf
2 EL Gin

Für das Tatar die Melone schälen und entkernen. Räucheraal und Melone in kleine Würfel schneiden und mit Rapsöl und Zitronensaft mischen. Mit Salz und Pfeffer abschmecken.

Für den Gurken-Shooter die Gurke schälen, entkernen und in kleine Stücke schneiden. Dill und Petersilie waschen, trocken schütteln und Blättchen abzupfen. Gurke, Joghurt, Dill und Petersilie mit dem Stabmixer pürieren. Mit Senf, Gin, Salz und Pfeffer abschmecken. Den Gurken-Shooter sehr kalt stellen.

Aal-Tatar portionsweise im Metallring auf Tellern anrichten. Hierfür den Ring mit Tatar füllen und vorsichtig wieder entfernen. Alternativ das Tatar in eine kleine, mit kaltem Wasser ausgespülte Porzellanform (Espressotasse o.Ä.) geben und auf den Teller stürzen. Den gekühlten Gurken-Shooter in hohe Schnapsgläser füllen und dazu servieren.

Tipp
Bringen Sie Farbe auf den Teller und servieren Sie zu diesem Gericht Rote-Bete-Carpaccio. Hierfür vorgekochte, vakuumverpackte Rote Bete in hauchdünne Scheiben schneiden und rosettenförmig auf dem Teller anrichten. Mit einer Vinaigrette aus Essig, Öl, Senf, Salz und Pfeffer beträufeln. Das Tatar auf die Mitte des Tellers setzen.

DEKORATIV, ABER UNGLAUBLICH EINFACH

Blätterteigblüten

Zubereitungszeit: jeweils ca. 15 Minuten ~ Backzeit: 20 Minuten

Als Snack oder zum Aperitif? Hauptsache, schnell gemacht
und was fürs Auge. Aus nur wenigen Zutaten können
Sie diese feinen Häppchen in der Muffinform zubereiten.

FÜR 4 PORTIONEN (À 3 STÜCK)

Mit Oliven und Frischkäse

Fett für die Form
12 entsteinte schwarze Oliven
120 g Frischkäse
Salz
Pfeffer aus der Mühle
40 g getrocknete Tomaten (in Öl)
2 Platten tiefgefrorener Blätterteig
Nährwerte pro Portion: 229 kcal (957 kJ) ~ Fett 14 g

Mit grünem Spargel und Ei

Fett für die Form
250 g grüner Spargel
Salz
2 Platten tiefgefrorener Blätterteig
4 kleine Eier
Nährwerte pro Portion: 202 kcal (844 kJ) ~ Fett 14 g

Mit Ziegenkäse und Feigen

Fett für die Form
1 Birne
1 Feige
80 g Ziegenweichkäse
2 Platten tiefgefrorener Blätterteig
4 Thymianzweige
Nährwerte pro Portion: 242 kcal (1013 kJ) ~ Fett 15,3 g

Den Blätterteig nach Packungsanweisung auftauen. Den Backofen auf 200 °C vorheizen und die Mulden der Muffinform einfetten.

Für die Spargel-Ei-Variante den Spargel waschen und putzen, die Spitzen abschneiden und den Rest in ca. 1 cm lange Abschnitte schneiden. Spargelspitzen und -stücke ca. 3 Minuten in Salzwasser blanchieren. Die Teigplatten quer halbieren und in vier gefettete Vertiefungen der Muffinform drücken. Spargelspitzen beiseitelegen, restliche Stücke in den Vertiefungen verteilen. Ca. 5 Minuten auf der mittleren Schiene backen. Die Muffinform aus dem Ofen nehmen und die Eier in die Vertiefungen aufschlagen. Mit etwas Salz würzen, mit den Spargelspitzen garnieren und ca. 10 Minuten fertig backen.

Für die Ziegenkäse-Feigen-Variante die Birne waschen, vierteln, entkernen und würfeln. Die Feige mit Küchenpapier abreiben und in Scheiben schneiden. Ziegenkäse in Würfel schneiden. Die Teigplatten quer halbieren und in vier gefettete Vertiefungen der Muffinform drücken. Käse, Birne und Feige in den so entstandenen Teigkörbchen verteilen. Thymian waschen, trocken schütteln, die Blättchen abzupfen und darüber verteilen. „Teigkörbchen" auf der mittleren Schiene im Backofen 20 Minuten backen.

Für die Oliven-Frischkäse-Variante die Oliven hacken, mit Frischkäse mischen und mit Salz und Pfeffer würzen. Die Tomaten abtropfen lassen und grob hacken. Die Teigplatten quer halbieren und in vier gefettete Vertiefungen der Muffinform drücken. Tomaten und Oliven-Frischkäse-Masse in den „Teigkörbchen" verteilen. Auf der mittleren Schiene im Backofen 20 Minuten backen.

Tipps
Statt Blätterteig können Sie auch Toastbrot verwenden: Dann je vier schmale Streifen Back- oder Butterbrotpapier von ca. 15 cm Länge über Kreuz in die Vertiefungen der Muffinform legen. Toastbrot mit dem Nudelholz flach ausrollen, mit Kräuterbutter bestreichen und die bestrichene Seite in die Vertiefungen drücken. Anstelle der Muffinform eignen sich auch ofenfeste Förmchen oder Tassen.

EVENT IN PERGAMENT

Feigenhuhn aus der Tüte

Zubereitungszeit: 20 Minuten ~ Garzeit: 90 Minuten ~ Nährwerte pro Portion: 698 kcal (2880 kJ) ~ Fett 33 g

Der Applaus ist Ihnen sicher! Starten Sie kulinarisch voll durch und überraschen Sie Ihre Gäste mit einem köstlichen Paket, das erst am Tisch geöffnet werden darf. Das Huhn kann völlig stressfrei vorbereitet werden, und während Sie mit Ihren Gästen in aller Ruhe den ersten Aperitif genießen, erledigt der Backofen die restliche Arbeit.

FÜR 4 PORTIONEN
1 Mais-Poularde (ca. 1,5 kg)
Salz
Pfeffer aus der Mühle
1 Zwiebel
100 g getrocknete Feigen
3 Frühlingszwiebeln
80 g Bauchspeckwürfel (Kühlregal)
2 cl Portwein (ersatzweise Sherry oder Marsala)
4 Thymianzweige
2 Scheiben Schinkenspeck
Und:
3 Holzstäbchen
Backpapier

Die Mais-Poularde waschen, trocken tupfen und mit Salz und Pfeffer würzen.

Die Zwiebel schälen und würfeln. Die Feigen klein hacken. Die Frühlingszwiebeln waschen, putzen und in Ringe schneiden.

Die Speckwürfel in einer Pfanne auslassen, die Zwiebelwürfel hinzufügen und glasig dünsten. Die Feigen zugeben und alles 3 Minuten dünsten. Mit Portwein ablöschen. Anschließend die Frühlingszwiebeln untermischen und mit Pfeffer abschmecken.

Den Backofen auf 180 °C vorheizen. Die Poularde mit der Feigen-Speck-Mischung füllen und die Bauchhöhle mit den Holzstäbchen verschließen. Thymian waschen und trocken schütteln. Die Poulardenbrust mit den Thymianzweigen und dem Schinkenspeck belegen. Das Huhn in Backpapier einwickeln und mit der Brust nach unten auf den Rost setzen. Im Ofen 90 Minuten garen. Das Päckchen erst am Tisch öffnen.

Dazu passen Ofenkartoffeln.

KULINARISCHER GRUSS AUS DEM MITTELMEER

Mediterraner Fischtopf

Zubereitungszeit: 45 Minuten ~ Nährwerte pro Portion: 264 kcal (736 kJ) ~ Fett 7 g

Den aromatischen Sud aus Tomaten, Safran und Weißwein können Sie einige Stunden vor Eintreffen der Gäste oder schon am Vortag kochen. Das verhindert Stress und hat den Vorteil, dass der Sud gut durchgezogen ist. Mit ofenwarmem Baguette serviert, ist dieses Fischgericht eine Hauptspeise, bei der Ihre Gäste garantiert ins Schwärmen geraten.

ZUTATEN FÜR 4 PORTIONEN

2 Zwiebeln
2 Knoblauchzehen
2 Tomaten
2 EL Olivenöl
1 Lorbeerblatt
250 ml Weißwein
750 ml Fischfond (aus dem Glas)
1 Stange Staudensellerie
4 Safranfäden
1 TL edelsüßes Paprikapulver
300 g Seehecht
Salz
weißer Pfeffer aus der Mühle
½ Bund Petersilie
500 g Mittelmeerfisch (z.B. Filet von Seeteufel, Wolfsbarsch, Rotbarbe)

Zwiebeln und Knoblauch schälen und fein würfeln. Die Tomaten mit kochendem Wasser überbrühen, häuten, vom Stielansatz und den Kernen befreien und in kleine Stücke schneiden.

Das Olivenöl in einem großen Topf erhitzen. Zwiebeln und die Hälfte des Knoblauchs darin glasig dünsten. Tomaten und Lorbeerblatt hinzufügen und andünsten. Mit Weißwein ablöschen. Den Fischfond angießen. Den Sellerie waschen, putzen, in dünne Scheiben schneiden und mit Safran und Paprikapulver in die Suppe geben. Den Seehecht einlegen und 15 Minuten ziehen lassen. Herausnehmen, mit einer Gabel zerdrücken und wieder in die Suppe geben. Suppe mit Salz und Pfeffer abschmecken.

Die Petersilie waschen, trocken schütteln und hacken. In einem Mörser den restlichen Knoblauch mit der Petersilie und 1 EL Fischbrühe zu einer Paste verrühren.

Den Mittelmeerfisch 10 Minuten vor dem Servieren in den Sud geben und bei schwacher Hitze gar ziehen lassen. Die Petersilien-Knoblauch-Paste zugeben. Den Fisch mit der Brühe in tiefe vorgewärmte Teller füllen und mit ofenfrischem Baguette servieren.

ÜBERFALL – WENN SPONTAN FREUNDE KOMMEN

Steinpilz-Risotto

Zubereitungszeit: 25 Minuten ~ Einweichzeit: 20 Minuten ~ Nährwerte pro Portion: 354 kcal (1480 kJ) ~ Fett 14 g

Ein köstliches Gericht – nicht nur in Notzeiten, wenn Ihr Kühlschrank keine frischen Zutaten mehr zu bieten hat. Getrocknete Steinpilze sollten im Vorrat sein, denn so können Sie Ihre Gäste auch spontan mit den edlen Pilzen verwöhnen. Probieren Sie weitere Risotto-Varianten mit Safran und Garnelen oder mit grünem Spargel.

FÜR 4 PORTIONEN

30 g getrocknete Steinpilze
1 Zwiebel
40 g Butter
Salz
250 g Risotto-Reis
200 ml Weißwein
800 ml heiße Hühnerbrühe
60 g Parmesan (am Stück)

Die Steinpilze kurz mit kaltem Wasser abspülen, dann mit 100 ml heißem Wasser übergießen und 20 Minuten einweichen. Pilze aus dem Wasser nehmen und in Streifen schneiden, Pilzwasser aufheben.

Die Zwiebel schälen und würfeln. Die Hälfte der Butter erhitzen und die Zwiebel und die Pilze darin weich dünsten. Salzen und den Reis einstreuen. Mit Weißwein ablöschen. Unter Rühren nach und nach das Pilzwasser und die heiße Brühe angießen, bis der Reis die Flüssigkeit aufgesogen hat und gar ist (etwa 20 Minuten). Parmesan reiben. Topf vom Herd nehmen und die restliche Butter sowie den Parmesan unter das Risotto rühren.

EINFACH UND PRIMA VORZUBEREITEN

Rosmarin-Polenta-Auflauf mit Tomatensauce und Parmesan

Zubereitungszeit: 25 Minuten ~ Backzeit: 20 Minuten ~ Nährwerte pro Portion: 413 kcal (1227 kJ) ~ Fett 12 g

Früher ein Arme-Leute-Essen, heute eines der beliebtesten Gerichte Norditaliens: Polenta. Ideal für Gäste, die sich kurzfristig anmelden, wenn der Kühlschrank nichts Frisches mehr zu bieten hat. Statten Sie Ihren Vorratsschrank mit dem praktischen Maisgrieß aus und reichen Sie eine fruchtige Tomatensauce mit Kräutern oder Tomaten-Sugo aus dem Vorrat (Rezept S. 44) dazu.

FÜR 4 PORTIONEN

1 Zwiebel
2 EL Butter
1 Dose geschälte Tomaten (800 g, mit Flüssigkeit)
1 Lorbeerblatt
1 TL getrockneter Thymian
1 TL getrockneter Basilikum
Salz
Pfeffer aus der Mühle
300 g Polenta (Maisgrieß)
1 TL getrockneter Rosmarin

Für die Tomatensauce Zwiebel schälen, fein würfeln und in Butter glasig dünsten. Tomaten mit der Flüssigkeit, Lorbeerblatt, Thymian und Basilikum zugeben. Bei mittlerer Hitze offen etwa 20 Minuten dicklich einkochen. Die Sauce mit Salz und Pfeffer würzen.

In der Zwischenzeit 1,5 l Salzwasser zum Kochen bringen, den Maisgrieß einrieseln lassen und unter Rühren zum Kochen bringen. Rosmarin zufügen und Polenta ca. 10 Minuten garen.

Den Backofen auf 200 °C vorheizen. Den Parmesan reiben. Die Polenta in eine ofenfeste Form füllen. Mit Tomatensauce und Parmesan bedecken und 20 Minuten im Ofen überbacken.

ITALIENS DESSERT-KLASSIKER MAL ANDERS

Panna cotta mit Schokolade

Zubereitungszeit: 30 Minuten ~ Kühlzeit: 4–6 Stunden ~ Nährwerte pro Portion: 919 kcal (3841 kJ) ~ Fett 61 g

Das sahnige Dessert aus der italienischen Küche präsentiert sich hier von seiner Schokoladenseite und dürfte Ihre Gäste glücklich stimmen. Grund dafür ist das in Schokolade enthaltene Hormon Phenylethylamin. Je höher der Kakaogehalt der Schokolade, desto glücklicher macht sie.

FÜR 4 PORTIONEN

600 g Sahne
50 g Puderzucker
1 Vanilleschote
185 g Milchschokolade oder Zartbitterkuvertüre
2 TL gemahlene Gelatine

Die Sahne mit dem Puderzucker erhitzen. Die Vanilleschote längs aufschneiden und das Mark in die Sahne schaben. Die Sahne bei schwacher Hitze köcheln lassen, dabei gelegentlich umrühren. Sahne um ein Drittel einkochen. Die Schokolade oder Kuvertüre hacken und dazugeben. So lange rühren, bis eine glatte Masse entstanden ist.

Die gemahlene Gelatine in einen kleinen Topf geben und 40 ml Wasser hinzufügen. 5 Minuten stehen lassen, dann auf dem Herd erwärmen, bis sich die Gelatine aufgelöst hat. In die heiße Schokoladenmischung rühren und 1 Minute kochen lassen. Die Creme auf vier kleine Tassen oder Förmchen verteilen und im Kühlschrank 4–6 Stunden fest werden lassen. Mit frischen Früchten oder Erdbeeren in Rotwein (Rezept S. 137) servieren.

VERFÜHRERISCHER LAUNEHEBER ZUM GENIESSEN

Erdbeeren in Rotwein

Zubereitungszeit: 15 Minuten ~ Marinierzeit: 1 Stunde ~ Nährwerte pro Portion: 192 kcal (804 kJ) ~ Fett 8 g

Erdbeeren sind hierzulande die beliebtesten Beeren. Bereiten Sie die erfrischenden Früchte mal anders zu: Mit Rotwein, Pfefferminze und einem Klecks Sahne werden auch die verwöhntesten Erdbeerliebhaber restlos zufrieden sein.

FÜR 4 PORTIONEN
500 g Erdbeeren
250 ml Rotwein
2½ EL Zucker
2 Zweige Pfefferminze
200 g Sahne

Die Erdbeeren waschen, putzen, vierteln und in eine weite Schüssel geben.

Den Wein mit dem Zucker aufkochen, Hitze reduzieren und ca. 5 Minuten köcheln lassen. Pfefferminze waschen, trocken schütteln, die Blättchen abzupfen, in Streifen schneiden und dazugeben. Den Wein auskühlen lassen, über die Erdbeeren gießen und das Ganze zugedeckt 1 Stunde ziehen lassen.

Die Sahne halbfest schlagen. Die Erdbeeren mit der Flüssigkeit und einem Klecks Sahne auf Tellern anrichten. Die restliche Sahne extra dazu servieren.

Register

A

Arabisches Pesto mit Sardellen, Rosinen und Mandeln (Variante) *41*

Asiatisches Pesto mit Koriander, Limette und Cashewnüssen (Variante) *41*

B

Baguette mit Flusskrebsen und Avocado-Tatar *71*

Bandnudeln mit Steinpilzen *53*

Basis-Rezept für Tomaten-Sugo *44*

Blätterteigblüten mit grünem Spargel und Ei *128*

Blätterteigblüten mit Oliven und Frischkäse *128*

Blätterteigblüten mit Ziegenkäse und Feigen *128*

Blattsalat mit gebratenem Ingwer-Zitronen-Lachs *63*

C

Chicken-Toastie mit Ziegenkäse und Birne *70*

Chili mit roten Bohnen *56*

Chinesisches Schaumomelett mit Huhn und Lauch *78*

Chorizo-Käse-Schaumomelett (Variante) *79*

Couscous-Salat *114*

E

Einkauf für die Single-Küche *8*

Erbsensüppchen mit Garnelenspieß *125*

Erdbeeren in Rotwein 137

F

Feigenhuhn aus der Tüte *131*

Feldsalat mit Blauschimmelkäse und karamellisierten Walnüssen *60*

Fischfilet mit gebratenen Kapern, Limette und Krabben *25*

Frische Feigen mit Parmaschinken und Ricotta *99*

G

Gambas mit Birnen-Chili-Chutney *96*

Garzeiten *12*

Gebackene Frühlingszwiebeln *16*

Gefüllte Focaccia mit getrockneten Tomaten und Schafskäse *69*

Gefüllte Focaccia mit Thunfisch und Kapern *68*

Gefüllte Lachsrollen *126*

Geröstete Paprika mit Couscous-Füllung *55*

Geschmorte Auberginen und/oder Zucchini und Tomaten (Variante) *21*

Geschmorte Dicke Bohnen, Serrano-Schinken und Majoran (Variante) *21*

Geschmorte Möhren, Fenchel und Zwiebeln (Variante) *21*

Geschmortes Sommergemüse mit Ricotta-Basilikum-Crostini *20*

Gnocchi mit geschmortem Radicchio und Blauschimmelkäse *38*

Griechischer Blattspinat mit Frühlingszwiebeln und Schafskäse *92*

H

Heilbutt auf sizilianische Art *91*

Honig-Entenbrust mit Mango-Chili-Kompott *108*

Huhn mit Chorizo und getrockneten Tomaten *22*

I

Indische Naan-Fladen mit Mango-Salsa und Koriander *72*

Indische Naan-Fladen mit Tandoori-Chicken *72*

Ingwer-Hühnchen mit Limette und Honig *19*

Involtini vom Seeteufel mit Datteln und Bacon *104*

K

Kartoffel-Zucchini-Tortilla *118*

Klassisches Pesto mit Basilikum und Pinienkernen (Variante) *41*

Kochen für den Vorrat *12*

Kochen ohne Stress *12*

Kräuter haltbar machen *13*

I
Lachsrollen mit Kapern-Ei-
    Füllung *126*
Lachsrollen mit Pumpernickel-Meer-
    rettich-Füllung *126*
Lachssteak mit Orangen-Salsa *103*
Lammkoteletts mit gegrilltem
    Ziegenkäse und Blattspinat *107*

M
Mango-Avocado-Salat mit geröste-
    ten Cashewnüssen *64*
Mediterraner Fischtopf *132*
Mediterraner Kartoffelsalat *113*

N
Nudeln mit Steinpilzbutter,
    Rucola, Schinken und Parme-
    san *98*

O
Ofen-Baguette mit Chorizo
    und Schafkäse *71*
Orientalische Kichererbsen-
    suppe *49*

P
Pangasius-Filet auf roten Sahne-
    Linsen *26*
Panna cotta mit Schokolade *136*
Pappardelle mit Pfifferlingen,
    Ricotta und Bacon-Chips *34*
Pasta mit Walnuss-Pesto

und Roquefort *42*
Penne mit grünem Spargel,
    Nordseekrabben und Ziegen-
    frischkäse *39*
Peperonata-Gemüse *117*
Pfannengerührtes Rindfleisch
    mit Wasabi und Salatherzen *29*
Provenzalisches Bauernhühn-
    chen *85*

Q
Quesadilla mit Avocado, Käse
    und Tomaten *76*

R
Räucheraal-Melonen-Tatar
    mit Gurken-Shooter *127*
Resteverwertung *13*
Rosmarin-Polenta-Auflauf mit To-
    matensauce und Parmesan *134*
Rote-Linsen-Eintopf *119*
Rotes Thai-Curry mit Huhn *87*
Rucola mit geschmortem Thymi-
    an-Apfel und Ziegenkäse *61*
Rumpsteak mit Tomaten-Oliven-
    Salsa *31*

S
Schweinefilet mit Chili-Datteln *28*
Spaghetti aglio e olio mit Pepe-
    roni, Oliven und Sardellen *52*
Spaghetti mit Pesto aus Tomaten
    und Pinienkernen *40*

Spaghetti mit Zitronen-Thunfisch-
    Sauce und Kapern *50*
Spinat-Pilz-Schaumomelett
    (Variante) *79*
Steinpilz-Risotto *133*
Stubenküken mit Salbei und
    Parmaschinken *100*

T
Tagliatelle mit Flusskrebsen
    und Zitronengras *37*
Tandoori-Lamm mit Joghurt,
    Minze und Naan *86*
Tomaten-Schafskäse-Schaum-
    omelett (Variante) *79*
Tortilla-Wrap mit Roastbeef,
    Orange und Meerrettich-Mayon-
    naise *75*

V
Vorräte einfrieren *11*
Vorratshaltung Basics *9*
Vorratshaltung Extras *10*

W
Wolfsbarsch auf südfranzösische
    Art *88*

Z
Ziegenkäse mit Paprika-Vanille-
    Konfitüre *122*
Zitrusfrüchte mit Scampi *82*

Hildegard Möller kocht und schreibt mit Leidenschaft. Ob als Journalistin, Gastronomin oder Kochbuchautorin schöpft sie aus Ihrer großen kulinarischen Erfahrung, denn ihre kreativen Rezepte überzeugen ihre Gäste und LeserInnen.

Martina Görlach absolvierte ein Studium der Kunstgeschichte sowie eine Ausbildung zur Glasmalerin, um Kirchenfenster zu restaurieren. Seit vielen Jahren setzt sie als Foodfotografin und Studioleiterin bei Eising Foodphotographie Gerichte verführerisch in Szene.

Impressum

Mit 44 Farbfotos von Martina Görlach, Eising Foodphotography

Umschlaggestaltung von solutioncube GmbH, Reutlingen
unter Verwendung eines Fotos von Martina Görlach, Eising Foodphotography

Unser gesamtes lieferbares Programm und viele
weitere Informationen zu unseren Büchern,
Spielen, Experimentierkästen, DVDs, Autoren und
Aktivitäten finden Sie unter www.kosmos.de

Gedruckt auf chlorfrei gebleichtem Papier

© 2009, Franckh-Kosmos Verlags-GmbH & Co. KG, Stuttgart
Alle Rechte vorbehalten
ISBN 978-3-440-12128-3
Fotos: Martina Görlach, Eising Foodphotography, München
Foodstyling: Michael Koch, Eising Foodphotography, München
Redaktion: Marc Strittmatter
Lektorat: Katharina Lisson, München
Layout und Satz: solutioncube GmbH, Reutlingen
Produktion: Eva Schmidt
Printed in Germany / Imprimé en Allemagne